7주 만에 작가 되기 _ 2권

책쓰기 코치의 작가 수업

감성과 창조의 시대에 맞는 창조적 책 쓰기 멘토링

3년 1만권 독서가 | 15년 150권 출간 작가 | 15년 1,000명 작가 배출 책쓰기 코치 | 15년 연속 베스트셀러 작가의 유일무이한 책쓰기 작가 수업

" 나는 알고 있다.

누구나 글을 쓸 수 있고, 누구나 작가가 될 수 있다는 것을. 그런 사실을 받아들이고, 자기 를 알고, 자기를 믿으려면, 글과 씨름을 할 필요가 있다는 것을,

또한 나는 알고 있다.

그 씨름을 계속하려면 믿음과 용기가 필요하다는 것을. 또한 알고 있다. 책쓰기는 누구에 게나 무한한 가치가 있다는 것을."

< 로버타 진 브라이언트 >

프롤로그 _ 책쓰기를 통해 인생을 혁명하라.

'작가!

생각만 해도 가슴이 떨리는 그런 단어이자 동시에 그런 직업이 아닐 수 없다.

그런데 이것보다 더 가슴 떨리는 경우가 있다.

바로 당신이 그런 작가라면 어떨까? 당신이 바로 그런 가슴 떨리게 하는 작가가 실제로 된다면 어떨까?

한 가지 분명한 사실은 작가가 되는 책쓰기는 당신과 당신의 인생을 송두리째 바꾸어 놓을 수 있을 만큼 강력한 힘을 가지고 있다는 사실일 것이다.

이 책의 결론은 책쓰기를 통해서 누구나 인생 혁명이 가능하다는 사실이다.

그리고 이 사실을 필자는 본인의 인생을 통해 경험했고, 체험했다. 그렇기 때문에 당신이 필자의 책을 지금 읽고 있는 것이다.

생각해 보라. 당신의 이름 석 자 뒤에 누구누구 작가님, 누구누구 작가 선생님 이라는 단어들이 붙게 된다면 당신의 기분은 어떨까?

한 가지 잊지 말아야 할 사실은 기분도 기분이지만 더 중요한 사실은 당신의 인생이 한 단계 도약하기 위해 가장 좋은 위치를 선점했다는 것은 확실하다. 왜일까?

자신의 이름으로 된 책을 출간함으로써 인생이 뒤바뀐 사람들이 실제로 적지 않기 때문이다.

이런 점에서 책을 쓴다는 것은 정말 매력적이고, 마법과 같은 일이다.

최소한 나는 그렇게 생각한다.

하지만 여기서 분명하게 말하고 싶다.

당신의 이름 뒤에 새로운 단어가 붙는다고 해서, 즉 당신의 이름으로 된 책이 이 세상에 출간되었다고 해서 당신의 인생이 한 단계 도약되었다는 것을 저절로 의미하는 것은 절대 아니라는 사실이다.

결론은 한 마디로 자신의 이름으로 된 책이 출간된 것이 당신의 인생이 한 단계 도약했다는 것을 직접적으로 의미하지 않는 다는 것이다.

그렇다면 무엇을 의미하는 것일까?

당신이 책을 쓰기 이전과는 다른 사람으로 성장하게 되었다는 것을 의미한다.

책을 쓰는 과정을 통해 당신의 사고와 의식은 당신이 평생 살아오면서 미처 경험하지 못 했을 정도로 급격하게 그리고 빠르게 도약했다는 것은 분명하다. 그리고 그 사실이 바로 당신에게 새로운 인생의 장을 열어주는 토대가 되고 원동력이 되어 준다는 사실이다.

왜 책을 쓰기 이전과 책을 한 권이라도 쓴 후에 사람이 그렇게 많이 달라지는 것일까?

100권의 책을 읽은 사람은 남이 떠 먹여 주는 영양분이 잔뜩 있는 맛있는 음식을 그저 먹는 것에 불과하다.

하지만 1권의 책을 쓰는 사람은 스스로 그것을 만들어 내는 사람, 즉 무엇인가를 스스로 만들고, 이 세상에 존재하지 않는 것을 스스로 자신의 의식과 사고를 통해 만들어 내는 사람이기 때문이다.

좀 더 간단하게, 그리고 쉽게 말해서

'작가가 된다는 것은 무에서 유를 창조해 낸다는 것'이다.

여기서 당신이라는 사람의 가치가 결정된다.

평생 남들이 만들어 놓은 것을 사용하는 사람이나 평생 남들이 시키는 일만 수동적으로 하는 사람들이 돈을 많이 벌지 못하고, 높은 사회적 지위를 얻지 못하고, 큰 성공도 하지 못하는 이유는 그 사람이 무에서 유를 창출해 낸 적이 한 번도 없기 때문이다.

어마어마한 아이디어를 생각해 낸 사람이 엄청난 부자가 단기간에 되는 이유는 그 사람이 세상에 유익한 무엇인가를 무에서 창출해 내었기 때문이다.

그런 점에서 작가는 글이라는 도구를 사용하여 무엇인가를 새롭게 만들어 내는 발명가이다.

무에서 유를 창조해 내는 사람들, 이전에는 없던 혁신적인 스마트폰을 만든 스티브 잡스, 이전에는 없던 해리포터 이야기를 만들어 낸 조엔 k 롤링, 이전에는 없던 한글을 만든 세종대왕, 이전에는 없던 거북선을 만든 이순신 장군, 이전에는 없던 역사서인 [사기]를 쓴 사마천, 이전에는 없던 병법인 [손자병법]을 쓴 손자, 이전에는 없던 자기계발서를 쓴 나폴레온 힐 등은 모두 무에서 유를 창조해 낸 사람들이다.

당신이 책을 한 권 썼다는 것은 단순하게 글을 쓴 것이 아니라 무엇인가를 만들어 이 세상에 남겼다는 것이다. 그것도 당신의 이름을 걸고 말이다.

그런 점에서 작가가 되는 것은 결국 무엇인가를 세상에 당당히 만들어 보여 주는 것이다. 그렇다면 그 무엇인가의 주체는 누구일까?

바로 당신이다.

작가가 된다는 것은 당신을 이 세상에 당당하게 보여주는 것이다.

소설가는 자기 생각과 사상과 견해를 소설 속의 인물과 스토리를 통해 이 세상에 보여 주는 것이고, 시인은 시를 통해, 발명가는 발명품을 통해, 무용가는 무용을 통해, 가수는 노래를 통해, 자기계발 작가는 자기계발에 담긴 메시지를 통해 자기 자신을 이 세상에 당당히 보여 주는 것이다.

그런 점에서 작가가 될 수 있는 사람은 결국 모든 사람들이다. 다만 용기와 배짱이 있어야 하고, 자신의 것을 부끄러워하지 않아야 하고, 세상에 당당히 보여 주어야 하고, 그러한 것들을 글을 통해 표현할 수 있는 약간의 기술(!)이 필요할 뿐이다.

김연아를 보라, 김병만을 보라.

책을 한 권이라 자신의 이름으로 출간한 사람들은 모두 자기 자신만의 스토리, 즉 세상에 자신을 당당히 보여 줄 만한 그 무엇인가를 가지고 있었던 사람들이다.

하지만 특별히 무엇인가를 가지고 있지 않은 평범한 당신은! 그렇다면 어떻게 해야 하는 것일까?

이 세상에 비범한 사람들이 너무나 차고 넘쳐서, 이제는 평범한 것도 하나의 매력이 되어 버렸다면 얼마나 좋을까? 하지만 아직은 그런 세상이 오지는 않았고, 쉽게 오지 않을 것 같다.

그렇기 때문에 자신을 약간만 비범하게, 아니면 특별하게, 아니면 남과 다르게 만들 필요가 있다.

이외수 작가는 스스로 자신을 남과 다르게 만들었다.

당신이 작가가 되고자 한다면 한 가지만 명심하면 된다.

‘ 당신도 작가가 될 수 있다. ‘ 는 사실이다.

그러나 당신을 먼저 남과 다른 존재 혹은 비범한 존재 혹은 길거리에 널린 누구나 가지고 있는 평범한 스토리가 아닌 누구나 쉽게 만날 수 없는 그런 독특한 스토리를 가지고 있는 존재로 만들어야 한다는 점이다.

그렇다고 성공 스토리나 위대한 업적을 달성해야 하는 것은 아니다. 여기서 중요한 것은 남과 다른 독특한 스토리, 남과 다른 존재라는 점이다. 그래서 엄청난 실패 스토리나 엄청난 시련과 아픔도 또한 좋은 스토리가 될 수 있다는 점을 간과해서는 안 된다.

즉 이 세상에는 누구나 자기만의 스토리를 가지고 있다.

그렇기 때문에 그것을 세상에 당당히 보여 주는 것, 그것이 바로 작가가 되는 것이다.

쌀이 있으면 누구나 밥을 해 먹을 수 있다. 다만 그 과정을 한 번도 본 적도 경험한 적도 없는 사람에게는 그 과정이 정말 어려운 것이 되듯, 당신은 이미 충분히 책 쓸 '거리 '를 가지고 있다.

다만 그것을 책으로 전환시키는 과정을 단 한 번도 경험하거나 해 본 적이 없을 뿐이다. 그래서 작가가 되는 것이 너무나 어려운 것처럼 보일 것이다.

이 책은 바로 그런 당신에게 그 과정이 얼마나 쉽고, 얼마나 간단한 것인지를 알려 주고자 하기 위해서 쓴 책이다. 몇 가지의 심리적 장벽만 뛰어넘는다면 글을 쓰는 작가만큼 멋진 직업도 없다는 것을 알게 해 주고 싶을 뿐이다.

작가가 되고 싶지만, 도저히 엄두가 나지 않는 사람들에게, 자신의 이름으로 된 책 한 권을 이 세상에 내놓고 싶은 사람들에게 이 책은 요긴하게 쓰일 물건(?)일 것이다.

그뿐만 아니라 책쓰기를 통해 새로운 인생을 살아보고 싶다면 이 책을 책쓰기의 멘토로 삼아 매일 책쓰기를 한다면 반드시 인생을 바꿀 수 있게 될 것이라고 필자는 확신한다.

그러므로 인생을 바꾸는 기적의 책쓰기에 당당히 도전해 보라. 도전하지 않으면 100% 실패하지만, 도전하면 성공 확률이 기하급수적으로 증가하게 된다.

목차

작가는 말하는 사람이 아니라 보여주는 사람이다.
책쓰기는 연출이 아니라 노출이어야 한다.
작가는 누구나 될 수 있다.
진짜 작가는 말하고자 하는 것이 있어야 한다.
문법, 맞춤법, 띄어쓰기의 덫에서 벗어나라.
20년 동안 쓰레기 같은 글을 쓴 대문호.
세련된 글이 아닌 당신의 거친 숨소리를 남겨라.
지식이 아닌 감성으로 작가가 되어야 한다.
책 한 권 쓴다고 인생이 바뀌지 않는다.
작가는 세상 밖에서 사는 외로운 사람이다.
모든 훌륭한 작가들의 초고는 조잡하다.

제3장. 세 번째 멘토링 _ 작가는 유일무이한 존재여야 한다. _ 리마커블하라.

작가는 인생을 두 번 살아가는 사람이다.
작가는 이 시대 최고의 퍼스널 브랜딩이다.
책쓰기는 책쓰기를 통해서만 배울 수 있다.
책쓰기에 대한 부담을 버려라.
몽상가는 꿈을 꾸고 작가는 글을 쓴다.
열정적으로 글을 써야 한다.
작가가 되는 확실하고 유일한 길.
책쓰기를 즐길 수 있어야 한다.

어린아이가 놀이터에서 놀 듯 글을 쓰라.
책쓰기는 논리적, 창조적 사고를 동시에 키워 준다.
책쓰기보다 자신의 마음을 비울 줄 알아야 한다.
세상과 전문가들의 평가를 무시하라.
15년 동안 무명이었던 세계 최고의 베스트셀러 작가.

제2부. 누구나 책쓰기의 재미에 푹 빠질 수 있다.

제4장. 네 번째 멘토링 _ 글을 쓰는 맛과 힘을 느껴라.

마약보다 더 중독성이 강한 책쓰기에 빠져라.
책쓰기가 주는 맛과 힘을 느껴라.
책쓰기를 즐겨라. 그것이 글을 잘 쓰는 비결이다.
생각하지 말고 책쓰기에 빠져라.
문법에 너무 매이면 재미가 없다.
글 쓸 때 전율해야 독자들도 전율을 느낀다.
사고와 학문의 모든 경계를 허물어라.
책쓰기를 게임으로, 놀이로 만들어라.
살아 숨 쉬는 문장을 쓰는 법은 단순하다.
글을 잘 쓰기 위해 집중해야 할 두 가지 사실.

제5장. 다섯 번째 멘토링 _ 모든 책쓰기에는 전략이 있어야 한다.

모든 글에는 전략이 있어야 한다.
순서만 바꾸어도 전혀 다른 문장이 된다.
첫 문장에 반하게 하는 방법.
흥미를 끌 수 있는 한 방이 있어야 한다.
호기심을 먼저 자극하고 빠져들게 하라.
남들과 다르다는 것을 느낄 수 있게 하라.
명확한 메시지가 있어야 한다.
감동과 재미는 서비스로 곁들여라.
제목이 식상하면 아무도 읽지 않는다.
책쓰기는 독자와의 대화이자 소통이다.
책쓰기에는 기술이 필요하다.

제6장. 여섯 번째 멘토링 _ 작가를 위한 가장 중요한 멘토링

우뇌와 좌뇌를 모두 사용하라.
많이 읽어라. 읽은 만큼 그만큼의 작가가 된다.
예술의 신, 뮤즈! 그런 것을 기대하지 마라.
매일 쓰라. 그리고 많이 쓰라. 그것뿐이다.
형식과 틀에 얽매이지 마라.
자기 자신만의 독특한 스토리와 콘텐츠를 만들어라.
창조적이고 미래 지향적인 작가가 되라.

끊임없이 공부해야 더 나은 결과물을 기대할 수 있다.
양이 질을 낳고, 양이 재능을 이긴다.
뜨거운 심장으로, 온몸으로 글을 쓰라.
작가를 위한 가장 중요한 멘토링

에필로그 _ 누구나 처음은 아마추어였다.

부록 :

대한민국 넘버원 책쓰기학교 [김병완칼리지 책쓰기 작가 수업 교재]
3년 1만권 독서가 | 15년 150권 출간 작가 | 15년 1,000명 작가 배출 책쓰기 코치 |
15년 연속 베스트셀러 작가의 유일무이한 책쓰기 작가 수업

1주 차 무엇을 쓸 것인가_ 주제 선정 수업
나만의 주제를 찾는 비법

2주 차 어떻게 쓸 것인가_ 목차 작성 수업
목차 작성 사례 연구

3주 차 누구에게 왜 쓰는가_ 서문 작성 수업
서문 작성 사례 연구

4주 차 문장을 어떻게 쓸 것인가_ 문장 강화 수업
첫 문장을 쉽게 쓰는 3가지 방법
좋은 문장을 쓰는 5가지 방법

5주 차 어떻게 출판사를 유혹(?)할 것인가_ 출간 기획서 작성 수업
출간기획서 작성 사례 연구

6주 차 본문을 어떻게 쓸 것인가 _ 본문 집필 수업
본문을 잘 쓰는 쉽고 간편한 3가지 방법
칼리지만의 본문 작성법 _ SECCT 본문 작성법

7주 차 원고 투고 & 출판사와 계약 & 출간하기_ 작가 입문
출판사 계약 이후의 저서 출간 프로세스

“이제 짧은 글 한 편 쓰기보다 실질적으로 훨씬 더 효과적인 아이디어를 소개하겠다. 그것은 바로 ‘조잡한 초고’라는 개념이다. 모든 훌륭한 작가들이 그런 초고를 쓴다. 이것은 그들이 훌륭한 두 번째 원고를 완성한 다음 완벽한 세 번째 원고를 쓸 수 있도록 이끄는 비결이다. 사람들은 성공한 작가들, 즉 책을 출판하는 일로 경제적인 안정을 얻은 작가들을 바라볼 때 그들이 매일 아침 백만장자처럼 느끼면서 자기 작업대에 앉아 있을 거라고 생각하는 경향이 있다. 그리고 자신감이 넘치며, 자신의 재능과 자기가 쓰게 될 위대한 이야기에 대해 자부심을 느낄 거라고 생각한다. 그들은 한두 번 심호흡을 한 다음, 옷소매를 걷어붙이고, 목 근육이 풀리도록 목을 몇 번 돌린 다음, 펜을 들자마자 법원의 속기사처럼 재빨리 완성된 형태의 단락을 타이핑할 것이라고 말이다. 그러나 이것은 미경험자의 환상일 뿐이다.”

< 앤 라모트, [책쓰기 수업], 65쪽 >

제2부. 책쓰기를 위한 멘토링 _ 누구나 책쓰기의 재미에 푹 빠질 수 있다.

“ 하지만 대부분의 경우 그는 실망한다. 첫 강의에서, 책 서두에서, 작가의 강연 첫머리에서 그는 ” 재능은 배운다고 해서 트이는 것이 아니다. “라는 말을 듣는다. 거기서 그의 희망은 사라지고 만다. 본인이 의식하든 의식하지 못하든 그런 부정적인 문장 속에서 그가 찾게 되는 것은 다름 아닌 자기 부정이다. .... 대부분의 책쓰기 교사와 작가들은 되도록 일찍, 그리고 되도록 심드렁하게 그 말을 해주어야 한다고 생각하는 듯하다. 그는 그저 책쓰기와 관련해 뭔가 굉장한 비법이 있다는 말을 들음으로써 작가의 대열에 합류하고 싶었을 뿐인데 말이다.”

< 도러시아 브랜디, [작가 수업], 20 ~ 21쪽 >

제4장. 네 번째 멘토링 _ 글을 쓰는 맛과 힘을 느껴라.

“ 글을 쓴다는 것은 삶을 고양시키는 것이며, 궁극적으로 무한히 즐거운 행위이다. 창조성의 분출인 책쓰기는 영혼의 상처를 치유하며, 영혼을 성숙케 한다. 그러나 반드시 책쓰기 강좌나 책쓰기 선생을 찾아갈 필요는 없다. 소설 작법이나 시 작법 따위의 책을 읽을 필요도 없다. 글을 쓰기 시작하는 데에는 어떤 마법도 필요치 않다. 마법의 환상을 버리고 글과 씨름하며, 포기하지 않고 계속 글을 쓰다보면 역설적으로 진짜 마법 같은 일이 일어난다.”

< 로버타 진 브라이언트, [누구나 글을 잘 쓸 수 있다],

마약보다 더 중독성이 강한 책쓰기에 빠져라.

책쓰기를 제대로 경험한 사람들은 책쓰기가 어떤 마약보다도 더 강한 중독성을 가지고 있음을 알게 된다.

필자의 경우에는 그렇다. 마약을 실제로 한 번도 해 본 적이 없었기 때문에 마약의 중독성이 어느 정도인지는 알지 못한다. 물론 마약의 중독성은 매우 강렬하고 치명적이라는 사실만을 알 뿐이다.

그럼에도 불구하고 필자가 자신 있게 책쓰기가 마약보다 더 중독성이 강하다고 말 할 수 있는 단 한 가지 근거는 글을 쓰는 즐거움을 진정 제대로 느껴 본 적이 있는 사람들은 절대로 책쓰기를 포기할 수 없다는 한 가지 사실 때문이다.

책쓰기에 대해서 어려워하고, 힘들어하고, 그 어떤 재미도, 즐거움도 느껴 보지 못 한 사람들이 아쉽게도 너무나 많다는 것도 부인할 수 없는 한 가지 사실일 것이다. 하지만 이 세상에 그 어떤 것도 처음에 배울 때는 제대로 맛을 느낄 수 없다는 것을 명심하자.

가령 당신이 스키를 배우거나 자전거를 배울 때도 마찬가지이다. 처음에는 배워야 하는 과정이 필요하다. 무엇인가를 새롭게 하기 시작한다는 것은 설렘도 있지만, 한

편으로는 매우 힘들고 고통스러운 과정을 겪어야 한다.

그러한 과정이 지나서 스키 실력이 중급이 되고, 고급이 되면, 그때부터 힘이 적게 들고 제대로 스키를 즐길 수 있게 된다. 그 결과 스키 매니아가 되어, 한여름에도 겨울이 오기만을 기다리는 그런 중독 증상을 보여 주게 되는 것이다.

달리기를 매일 하는 사람들은 조깅에 중독된 사람들이다. 그들은 달리기를 30분 정도 할 때 고통의 순간을 지나서 얻게 되는 희열, 즉 러너스 하이(runners' s high)라는 마약에 중독되었을 때 나오는 마약류와 비슷한 호르몬이 뇌 속에서 분비되는 짜릿함을 경험하게 된다.

그것을 한두 번 경험한 사람들은 절대로 달리기를 포기하거나 멈추지 못한다. 그때의 기쁨과 즐거움과 짜릿함을 절대로 잊지 못 하기 때문이다.

책쓰기도 이와 다르지 않다. 힘들고 어려운 초보 과정을 지나 중급이 되고, 고급이 되면 될수록 힘은 적게 들고, 재미와 기쁨은 두 배로 증폭되고, 열 배로 증폭되기 때문이다.

책쓰기는 살아있다는 것을 느끼게 해 주는 유일한 것인지도 모른다.

어떤 책에서 보니까 한국 사람들은 대부분 자신이 책쓰기에 능력이 부족하다고 생각하는 것다. 심지어 그 책의 저자조차도 버젓이 '우리의 책쓰기 능력이 부족한 것은' 이라고 처음부터 우리들은 책쓰기 능력이 부족한 사람들이라는 생각을 하는 것을 보고 심한 반감이 느껴졌다.

한국의 축구 기술을 보라. 우리들은 보통 정신력은 강한데 기술이 부족하다고 생각했다. 하지만 히딩크 감독은 전혀 반대로 이야기하는 인터뷰를 들은 적이 있다. 실로 충격적이었다. 히딩크 감독은 한국 선수들은 오른발 왼발을 잘 사용하는 유일한 그런 선수들이고 기술도 좋다는 것이다. 다만 정신력이 약하다는 것이다.

히딩크 감독은 변방의 한국 축구를 세계 중심으로 옮겨주었다. 한국 선수들에 대한 인식의 차이가 만든 결과라고 나는 생각한다.

한국인들, 우리들의 책쓰기 능력에 대한 인식도 바뀌어야 한다고 생각한다. 아니 지금까지는 잘못 인식되었고, 그래서 그렇게 생각하는 것이 자연스럽고 당연한 것으로 여겨졌을 것이다.

하지만 한국인들의 책쓰기 능력이 정말 형편없는지, 아

니면 세계에 그 어떤 민족들보다 더 뛰어난지 정확히 측정해 본 적이 없을 뿐이다. 혹시 아는가? 한국인인 당신의 책쓰기 능력이 천부적인 재능을 타고 났는지 말이다. 다만 그것을 발굴하고 개발하지 못 했을 뿐이지 말이다.

자신의 숨겨진 재능이 어떤 분야에 있고, 어느 정도인지를 제대로 아는 사람은 이 세상에 단 한 명도 없다. 그래서 위대한 일을 해 내고 나서 자신도 스스로에게 놀라는 경우가 적지 않다.

당신이 책쓰기에 중독이 되어야 하는 이유도 바로 여기에 있다. 그저 몇 번 글을 쓰고 나서 자신에게는 책쓰기 능력이 처음부터 부족하거나 없다고 단정지어서는 안 되기 때문이다. 최소한 꿈이 작가라면 평생을 걸고 자신이 재능을 발견하고 발굴하기 위해 노력해야 한다. 하지만 의지나 노력은 한계가 있다.

그 한계를 뛰어넘기 위해서 당신에게 필요한 것이 바로 책쓰기를 즐길 수 있어야 한다는 것이다. 바로 책쓰기의 즐거움에 중독되는 방법이다.

책쓰기가 주는 맛과 힘을 느껴라.

진정한 작가로 거듭나기 위해서는 무엇보다도 책쓰기가 주는 참된 맛과 힘을 느껴야 한다. 그것도 한 번도 느끼지 못한 사람은 한두 권의 책을 쓴 후 작가의 삶을 포기하고 다른 길로 갈 수 있기 때문이다.

하지만 책쓰기가 주는 진짜 맛과 힘을 한 번이라도 제대로 느낀 사람들은 절대로 작가의 길을 포기할 수 없게 된다. 그 맛과 힘이 너무나 매력적이고 중독성이 강한 맛이며 힘이기 때문이다.

권력을 한 번이라도 가져본 적이 있는 사람은 절대로 권력의 맛을 잊을 수 없다고 한다. 그래서 자신이 잘못된 선택인 줄을 알면서도 그 유혹을 거부하지 못한 채 권력을 다시 한번 더 맛보기 위해 실수를 하게 되고, 그로 인해 패가망신하는 경우가 적지 않은 것이다.

책쓰기도 권력만큼 치명적인 유혹의 힘을 가지고 있는 맛과 중독성이 있다. 그리고 권력과 마찬가지로 엄청난 힘을 가지고 있다.

그래서 어떤 사람들은 책쓰기를 통해서 유명인사가 되기도 하고, 평범했던 사람들이 책쓰기를 통해서 일간지와 잡지, TV에 자주 출연하는 사회적 명사가 되기도 하고, 심지어는 정부의 고위 관료가 되어 정치를 하기도 한다. 그리고 어떤 사람들은 책쓰기를 통해서 엄청난 부자가 되기도 한다. 실제로 100만부 정도를 팔면 수익으로 작가는 보통 10억 정도를 고스란히 자신의 수입으로 올릴 수 있다.

물론 100만부 판매가 쉬운 것은 아니다. 하지만 어느 정도 자신이 좋은 작가가 되면 최소한 10만 부 이상은 충분히 판매할 수 있게 된다. 이 정도면 연봉이 1억 정도라고 생각해도 된다.

특히 하루 종일, 매일 출퇴근해서 회사에 매여서 노동을 하지 않으면서 이 정도 수입을 얻는 다면 이것은 결코 적은 수입이 아닐 것이다.

이뿐만 아니다. 대부분의 유명한 작가, 즉 책쓰기를 통해 베스트셀러가 되고, 자신의 이름이 조금씩 세상에 알려지게 되면 부수입이 생긴다. 그것은 바로 강연 수입, 출연 수입이다.

관공서를 비롯해서 여기저기서 강연을 해 달라고 요청하고, TV에서도 출연해 달라고 요청이 들어온다. 이때 한 번씩 가서 강연해 주거나 출연을 하면 수십만 원씩 수입을 거두게 된다.

이 모든 것이 책쓰기의 힘인 것이다. 책쓰기를 통해서가 아니면 평범한 당신에게 누가 강연을 요청할 것인가? 누가 TV 출연 섭외 요청을 할 것인가? 하지만 책을 쓰는 작가가 된다고 해서 모든 작가가 이렇게 되는 것은 아니다.

명심하라. 1%에 속해야 한다는 것을 말이다. 하지만 실망할 필요는 없다. 책쓰기는 그 자체로도 엄청난 매력과 힘과 맛을 가지고 있기 때문이다.

솔직히 힘든 노동을 하는 것보다 하루 종일 도서관이라는 멋진 공간에서 책을 읽고, 글을 쓰는 직업이나 그 과정이 얼마나 축복받은 일상인지를 생각해 보라.

책쓰기의 참된 힘은 책쓰기를 통해서 인간 그 자체의 사고와 의식이 도약하는 것뿐만 아니라 사회적, 경제적으로 큰 효과를 불러일으킨다는 데 있을 것이다.

책쓰기가 주는 맛과 힘을 느껴라. 온몸으로 느낄 때 당신은 뼛속부터 작가가 될 수 있고, 작가로 다시 거듭날 수 있게 될 것이다.

'펜은 칼보다 강하다.(The Pen is mightier than the Sword)'

글을 잘 쓰면 당신은 사회적으로 유명인사가 될 뿐만 아니라 사회적 권리, 발언권, 특권을 얻게 되고, 지도층이 된다. 뿐만 아니라 진짜 책쓰기의 힘은 당신이 죽고 나서도 영원히 유지된다는 데 있다.

셰익스피어는 그 당시 그렇게 큰 인기를 얻지를 못했다. 지금 그의 인기에 비하면 셰익스피어 당시의 그의 인기는 너무나 보잘것없는 것이었다. 하지만 그의 글은 영원히 남아서 인류의 가슴속에 전해 내려온다.

마키아벨리도 마찬가지였다. 그가 살았던 당시에는 그는 널리 인정받지 못했고, 그의 정치적 삶은 녹록하지 못했다. 하지만 작가로서의 그의 삶은 영원하다.

이것이 책쓰기의 진정한 보이지 않는 힘인 것이다.

책쓰기를 즐겨라. 그것이 글을 잘 쓰는 비결이다.

필자는 작가로서의 삶을 살게 된지 이제 겨우 2년 밖에 되지 않는다. 하지만 30권의 책을 이미 출간한 엄청난 경험(?)을 가지고 있는 그런 작가가 되었다.

내가 출간한 책들 중에 어떤 책들은 중국과 일본에서 번역 출간되기도 했고, 어떤 책들은 베스트셀러가 되기도 했고, 또 어떤 책들은 2012년 국립 도서관에서 가장 많이 한국인들이 빌려 보는 책 top 10안에 들기도 했다.

특히 박근혜 대통령에 대해 쓴 책들이 시중에 150여 종이나 출간되었는데, 필자도 박근혜 대통령에 대해 책을 한 권 썼다. 그런데 그렇게 많은 책 중에서 필자가 쓴 책이 중국의 인민 출판사라는 최대의 출판사에서 유일하게 번역 출간되는 선택을 받기도 했다.

또 어떤 책들은 청와대에서 가장 많이 읽어 보는 책이 되어, tv와 라디오에도 자주 출연하게 되었고, 결과적으로 TED 강연도 하게 되었고, 유명한 명사들만 초청받는 명사 특강에도 초청을 받게 되었다.

그런데 더 놀라운 사실은 책쓰기에 대해서 그 어떤 강의도, 그 어떤 교육도 받지 않았던 사람이 어떻게 해서 그렇게 쓴 책들이 좋은 평가를 받게 될 수 있었던 것일까?

한 마디로 그 비결에 대해서 필자는 이렇게 말하고 싶다.

' 신나게 즐기면서 재미있게 쓰라.

전율을 느끼면서 신들린 사람처럼 글을 쓰라.

작가가 전율을 느껴야 독자들도 전율을 느끼게 된다.

작가가 즐기면서 책을 써야 독자들도 즐기면서 책을 읽을 수 있다. '

로버타 진 브라이언트도 이와 비슷한 말을 했다.

“ 재미로 쓰라. 자기를 위해!
작가가 그 과정을 즐기지 못한다면,
어떤 독자가 그 결과물을 즐기겠는가. “
< 로버타 진 브라이언트, [누구나 글을 잘 쓸 수 있다], 128쪽 >

바로 이것이라고 필자는 확신한다.

자기 자신을 위한 글을 쓰는 것, 재미로 즐기면서 신나게 신명이 나게 글을 쓰는 것이 최고로 글을 잘 쓸 수 있는 비결이라는 것이다.

그러므로 작가가 되고자 하는 사람이거나 자신의 이름으로 된 책을 한 권이라도 출간하기를 원하는 사람들은 책쓰기를 즐겨야 한다. 그것이 작가로서 성공하는 비결이자, 글을 잘 쓰는 유일한 비결인 것이다.

책쓰기를 즐길 수 없게 만드는 것 중에 하나가 바로 ‘완벽주의’ 일 것이다. 필자가 독자들에게 정말 하고 싶은 말 중에 하나가 바로 ‘제발 완벽주의에 절대로 빠지지 말라는 것’ 이다. 그리고 여기서 한발 더 나아가서, 필자는 작가 지망생들에게 이런 말을 해 주고 싶다.

‘ 제발 더 잘 하려고 욕심을 내지 말라’ 고 말이다. 이 말의 의미를 잘 이해해야 한다. 노력하지 말고, 책쓰기를 멈추라는 말이 아니다. 책쓰기는 그대로 하면서 동시에 더 잘하려고 하는 마음의 욕심을 버리라는 말이다. 즉 완벽하게 하려고 하지도 말고, 좀 더 잘하려고 욕심을 내지도 말라는 말이다.

한 마디로 마음을 비우고, 현재 글쓰는 그 자체를 완벽하게 즐기라는 말이다. 즉 완벽하게 책쓰기를 즐기기 위해서 완벽주의에서 벗어나야 한다는 말을 지금 하고 있는 것이다.

" 완벽주의는 압제자나 사람들을 괴롭히는 적의 목소리이다. 그것은 당신을 평생 동안 구속하고 미치게 만들며 당신이 볼품없는 첫 번째 원고를 쓰지 못하도록 가로는 주요 장애물 역할을 한다. ... 게다가 완벽주의는 당신의 책쓰기를 망치고, 창조성과 장난기와 생명력을 방해한다. 완벽주의는 청소할 일이 두려워 되도록 어지르지 않고 살려고 필사적으로 노력하는 것이다. 그러나 어지럽고 혼란스러운 것들은 인생이 그만큼 활발히 굴러가고 있다는 것을 보여 준다. 원래 난잡함이란 대단히 풍부한 다산성의 땅이다. 당신은 그 모든 쓰레기 더미 속에서 새로운 보물을 발견할 수도 있고, 여러 가지 것을 깨끗하게 하거나, 어떤 것을 삭제하거나, 수정하거나, 움켜잡을 수도 있다. 단정함이란 어떤 것이 얻기에 좋다는 것을 의미한다. 단정함은 내게 숨을 참는 상태나 정지된 만화 화면을 떠올리게 한다. 책쓰기란 그 반대로 숨 쉬고 움직이는 것을 필요로 하는데 말이다.”

< 앤 라모트, [책쓰기 수업], 75 ~ 76쪽 >

책쓰기를 즐길 수 있는 유일한 방법은 어린아이가 놀이터에서 놀 듯, 그저 그 행위를 즐기는 것이다. 어린아이가 놀이터에서 놀 때 완벽을 추구하거나 좀 더 잘 놀기 위해서 그런 것에 의식을 집중하거나 낭비하지 않듯, 당신도 그렇게 해야 한다.

책쓰기를 즐길 수 없게 만드는 것들 중에서 가장 큰 장애물이 바로 완벽해지려고 노력하고, 좀 더 잘 하려고 욕심을 내는 것이다. 그러므로 이제부터 좀 더 잘 하려고 노력하지 마라. 즉 마음을 비우고 책쓰기에만 집중하라는 것이다. 그것이 책쓰기를 즐길 수 있는 유일한 방법이다.

책쓰기를 즐기게 되면 매일 쓰게 되고, 자주 쓰게 된다. 그리고 사람이 즐거울 때, 즐거운 일을 할 때 가장 창조적이 된다. 그러한 여러 가지 조건과 상황이 잘 맞아 떨어지게 될 때 사람은 위대한 작가로 성장할 수 있게 된다.

공자가 위대한 성인이 될 수 있었던 단 한 가지 이유는 ‘공부를 즐겼기 때문’ 이다, 이처럼 당신이 위대한 작가가 될 수 있는 한 가지 방법은 ‘책쓰기를 오롯이 즐기는 것’ 이다.

생각하지 말고 책쓰기에 빠져라.

“ 생각하는 것은 책쓰기가 아니다. 책쓰기는 머리가 아닌 종이에 낱말을 늘어놓는 것이다.”

< 로버타 진 브라이언트, [누구나 글을 잘 쓸 수 있다], 99쪽 >

글을 쓰는 사람은 글을 쓰는 것을 멈추어서는 안 된다. 멈추지 않고 계속해서 꾸준히 글을 쓰는 것이 글을 쓰는 사람의 본분이다. 그런 점에서 책쓰기와 생각하는 것은 전혀 다른 것이다.

필자는 작가로서의 삶을 산지 이제 겨우 15년째가 되어가고 있다. 하지만 한 가지 의문이 늘 있었다.

다른 작가들이나 출판사들은 책을 한 권 쓰기 위해서는 엄청난 고민과 사색을 하고, 글을 쓰는 순간에도 엄청난 고뇌를 하면서 창작의 고통을 감수해 내는 것 같기 때문이다.

왜냐하면 필자는 전혀 그런 것이 없었다.

책을 한 권 쓰기 위해 구상을 하고, 주제를 선정하고, 목차를 만들고, 순서를 정한다. 하지만 필자는 이런 모든 과정을 생략한다. 생략하고자 해서 생략하는 것이 절대 아니다.

필자는 생각하지 않고 그저 써기 시작하고, 그것을 포기하지 않고 끝까지 그저 쓰기 때문이다.

그렇기 때문에 심지어 1주일에 책 한 권이 뚝딱 쓸 수 있었던 것이다. 그리고 그렇기 때문에 신명나게 신들린 것처럼 그렇게 글을 쓸 수 있었던 것이다.

그래서 스스로 필자는 이렇게 생각도 하지 않고 글을 쓰는 것이 너무 잘못된 것이 아닌가? 하는 의구심을 잠시 가진 적이 있다. 하지만 그것은 전혀 불필요한 생각이었음을 깨닫게 되었다.

첫 번째 이유는 내가 생각하면서 글을 써 보니까, 아무

전율도, 아무 재미도, 아무 흥분도, 아무 열광도 나오지 않았기 때문이다. 결과적으로 좋은 글을 쓸 수 없었다.

두 번째 이유는 책쓰기는 생각하는 것이 아니라고 분명하게 말하는 동지 의식을 느낄 수 있는 작가를 책을 통해 만날 수 있었기 때문이다.

바로 로버타 진 브라이언트이다.

" 생각하는 것은 책쓰기가 아니다. 책쓰기는 머리가 아닌 종이에 낱말을 늘어놓는 것이다."

< 로버타 진 브라이언트, [누구나 글을 잘 쓸 수 있다], 99쪽 >

필자는 솔직하게 말하자면, 이 대목을 읽고서 그 동안 가지게 되었던 의구심을 완전하게 떨쳐 버릴 수 있었다.

생각하는 것은 책쓰기가 아니며, 심지어 그는 '생각하지 말고 글을 쓰라' 고 충격적인(?) 조언도 해 주고 있기 때문이다.

필자는 그런 충격적인 조언을 너무나 좋아한다. 필자가 바로 그런 충격적인 책쓰기를 하고 있는 사람이기 때문이다.

이쯤에서 필자가 느끼고 깨닫게 된 것은 책쓰기도 하나의 습관이며, 기술이라는 사실이다. 그리고 이것은 또한 이런 사실을 잘 말해 준다.

'책쓰기는 하면 할수록 실력이 늘어나는 그런 기술에 불과하다.'

이 말이 중요하다고 생각하는 이유는 책쓰기에 대해서 너무 거창하게 생각하기 때문에 그 어떤 시도도 하지 못하는 그런 사람들보다는 실패를 하더라도 도전하여 한 권의 책이라도 쓴 사람이 훨씬 더 위대하기 때문이다.

문법에 너무 매이면 재미가 없다.

작가 지망생들에게 필자가 하고 싶은 말은 너무 문법에 억매이지 말라는 것이다. 문법에 자신이 없다고 작가가 되는 것이 힘들다고 생각하는 사람이 있다면 그것은 가장 어리석은 생각이다.

문법을 하나도 몰라도 작가가 될 수 있기 때문이다. 그것이 가장 중요하다.

생각해 보자. 문법을 가장 잘 하는 사람이 최고의 작가가 아니듯, 문법을 제일 못하는 사람이 최악의 작가가 아니다. 문법은 그저 우리끼리 정해놓은 하나의 규칙일 뿐, 위대한 작가들이 반드시 지켜야 할 그 무엇은 아니다.

오히려 문법이라는 구조 안에 자신의 글을 가두기보다는 자유롭게 사고하여 문법을 벗어나서 자유로운 글을 쓰는 것이 더욱더 예술가의 살아있는 정신을 보여주기에 좋을 뿐만 아니라, 창조적인 사람들은 모두 그렇게 시키지 않아도 저절로 하게 될 것이라고 생각한다.

무엇인가에 얽매이는 순간 자기 자신을 창조성과 천재성을 잃어버리게 된다는 사실을 명심하자.

당신은 천재이고, 창조적인 인간이다. 그렇다면 무엇이 두려운가? 도전하고 즐기고 시도하고 당당히 맞설 뿐이다.

재미있는 사실은 우리가 살아가고 있는 이 시대, 그리고 앞으로 맞이하게 될 가까운 미래에는 더욱 더 이러한 문법 파괴 현상이 발생할 수밖에 없다는 것이다.

그 이유는 소셜미디어 시대에 우리가 살아가고 있기 때문이다. 그리고 이 시대에는 표현의 경제가 가장 필요한 시대이기 때문이다.

한 마디로 긴 글을 쓸 수 없다. 트위터는 140자로 한정되어 있다. 페이스북에 긴 글을 쓰면 아무도 읽지 않는다. 아마 몇 번 긴 글을 올리면 그다음부터는 단 한 사람의 댓글도 없을지도 모른다.

짧게 쓰면서 자기 생각을 표현하기 위해서는 어느 정도의 규칙을 어겨야 하는 것이다.

“ 빅스타일은 메시지가 아닌 책쓰기의 올바른 형식에 집중하도록 만든다. 빅스타일은 책쓰기를 예측 가능하고 우아한 일로 만들어 줄 수도 있지만, 수많은 즐거움을 앗아가기도 한다. 이 시점에서 할 이야기는 아니지만, 당신이 마이크로스타일을 사용할 때 문법과 철자를 반드시 지킬 필요는 없다. 규칙을 어김으로써 표현할 수도 있다. 규칙파괴가 필요조건은 아니지만, 좋은 마이크로스타일에는 즐기는 태도가 필요하다. 맞는지 틀리는지 신경 쓰지 않아도 되는 허가증을 스스로에게 발급하라. 무엇이 먹히고 무엇이 당신 귀에 좋게 들리는지에만 집중하라. 그리고 좋은 이유가 있다면 그대로 밀고 나가 규칙을 어겨라.”

< 크리스토퍼 존슨, [마이크로스타일], 209쪽 >

물론 당신은 마이크로스타일을 좋아하지 않을 수도 있다. 하지만 당신은 놀라우리만치 짧아진 메시지의 시대에 살고 있음을 알아야 한다. 당신은 당신이 읽기 위한 책을 쓰는 것이 아니라 이 시대 사람들이 읽을 만한 책을 쓰는 작가가 되고자 한다는 것을 명심하라.

시대를 너무 앞서가는 것도 문제이지만, 시대에 너무 뒤

쳐져서 혼자 뒤에 남겨진 것처럼 살거나 책을 쓰는 것도 절대 안 된다.

조선 시대에 양반은 자전거를 타면 안 된다고 자전거를 타지 않는 것이 과연 옳은 일이었는가를 생각해 보라. 문법을 파괴하라는 말이 아니라, 조금은 자유롭게 당신을 표현하는 것이 더 가치 있는 일일 수 있다는 말이다.

글 쓸 때 전율해야 독자들도 전율을 느낀다.

당신은 독자들에게 읽힐 책을 쓰는 작가인가? 혼자서 글을 쓰기 위한 작가인가? 즉 독자들에게 안 읽혀도 혼자서 글을 쓰는 것만으로도 만족할 수 있는 그런 마음을 비운 작가인가?

당신이 어떤 부류의 작가이더라도 글을 쓸 때 전율하면서 글을 쓰는 것은 매우 중요하다. 왜냐하면 당신이 독자들에게 읽힐 책을 쓰고 싶다면 반드시 그렇게 글을 써야 하기 때문이고, 동시에 자기 자신만을 위해 책쓰기를 즐기기 위해 글을 쓰는 작가라고 해도 글을 쓸 때 바로 그것 때문에 스스로 즐기면서 글을 써야 하기 때문이다.

한 마디로 당신이 글을 쓸 때 분노와 우울감에 사로 잡혀 세상에서 가장 불쌍한 사람이 된 채로 글을 쓴다면 읽는 독자들도 마찬가지로 그러한 기분이 전달될 것이다. 결국 독자들은 당신의 글을 외면하게 될 것이다.

하지만 당신이 글을 쓸 때 전율하고 신이 나서 신들린 것처럼 글을 쓴다면, 독자들을 누구보다도 더 영리하게 그것을 알아차리고 당신의 글을 찾아서 읽으면서 함께 전율하고, 함께 신이 나고, 함께 신들리는 것처럼 그렇게 당신의 글에 푹 빠져서 글을 읽어 내려 갈 것이다.

생각해 보라. 당신의 글을 신들린 것처럼 푹 빠져서 읽는 독자들의 모습을 말이다. 생각만 해도 가슴이 뛸 것이다.

그렇기 때문에 글을 쓸 때 신이 나서 글을 쓰고, 전율을 느끼면서 글을 쓰고, 신들린 것처럼 글을 쓰는 것이 좋은 것이디.

신이 나서 글 쓸 때 독자도 신이 난다. 글을 쓴다는 것은 독자들과 소통을 한다는 것이다. 그리고 자신을 그대로 보여주는 것이다. 그러므로 당신이 글을 쓸 때의 감정은 글이 좋은 글일수록 그대로 독자들에게 전달되어야 하는 것이다.

글을 쓸 때 전율을 해서 글을 써야 하는 이유가 바로 여기에 있다. 신이 나서 글을 쓰라, 그러면 독자들도 신이 날 것이다. 하지만 슬픔과 우울과 벗이 된 상태로 글을 쓰게 된다면 독자들은 당신의 그 어두운 친구들과 또한 친구를 맺어야 할지도 모른다. 그런 점에서 당신은 독자들을 위해서라도 신이 나서 글을 쓰는 것이 필요하다.

개그 프로그램은 있어도 그 반대의 개념은 없는 것은 사람들은 모두 즐거움을 본능적으로 추구하는 그런 인간이기 때문일 것이다. 당신이 전율하면 독자들로 전율하면서 당신의 책을 읽을 것이다. 당신이 무기력한 상태에서 책을 쓰게 된다면 당신의 독자들도 또한 무기력해지고 의기소침해 질 것이다.

무기력해지고 의기소침해지면 그 어떤 행동도 하기가 싫어지게 되고, 당연히 독서도 멈추게 될 것이다. 당신의 책을 읽는 것도 예외는 아닌 것이다.

사고와 학문의 모든 경계를 허물어라.

글을 쓸 때 글을 쓰는 재미와 맛과 힘을 동시에 느끼기 위해서 가장 중요한 사실 한 가지를 알아야 한다. 그것은 절대 진부한 글을 쓰면 안 된다는 것이다.

글이 진부하면 글을 쓰는 재미도 없을 것이고, 글을 쓰는 맛도 느끼지 못할 것이고, 글을 쓰는 것을 통해 그 어떤 힘도 느끼지 못하게 되기 때문이다.

글이 진부하게 되지 않기 위해서 무엇을 해야 할까? 글이 진부하게 되지 않기 위해 어떻게 해야 할까?

필자가 조언해주는 것은 필자가 가장 흔하게 사용하는

방법이다. 바로 '사고와 학문의 경계를 넘나들어라'라는 것이다. 그것은 무엇보다 가장 중요한 작가 지침이다.

그 어떤 독자들도 식상한 내용의 글에 열광하지 않을 뿐만 아니라 눈길도 주지 않기 때문이다. 당신이 유명한 인사가 아니라면 더더욱 그러하다.

창조적이고 기발한 책들을 보라. 그런 책들의 저자들은 모두 사고와 학문의 경계를 허물었던 인물들이다. 앨빈 토플러, 피터 드러커, 세스 고딘, 다니엘 핑크, 톰 피터스 베르베르 등이 대표적인 인물들일 것이다.

특히 앨빈 토플러, 피터 드러커는 스스로 독학을 통해 세계적인 학자의 명성을 성취해 낸 인물들이다. 이들은 다양한 주제로, 다양한 분야의 공부를 통해 서로 다른 학문을 연결시켜 결국 세계적인 학자의 명성을 얻게 되었던 것이다.

그리고 그러한 서로 다른 학문의 경계를 허무는 것이 바로 통섭이고, 융합이며, 창조의 본질이라는 사실에 대해 주목해야 할 것이다.

서로 이질적인 사고가 교차될 때, 새로운 창조가 이루어진다. 그렇기 때문에 작가는 어떤 일이 있어도 서로 다른 생각을 다양하고 폭넓게 할 수 있는 사람이 되어야 한다. 그리고 그렇게 할 때 책쓰기도 한층 더 재미있고 신나고 즐겁게 된다.

뿐만 아니라 그렇게 할 때 그런 글이 진정한 힘을 가지게 되는 것이다. 생각해 보라. 진부한 생각, 진부한 내용은 그 어떤 맛도 힘도 과연 있을 수 있을까?

그대가 조금이라도 독자들을 사로잡을 수 있는 책쓰기 혹은 격조 높은 책쓰기를 하고 싶다면 자기 자신의 사고의 틀 속에서 벗어나야 하는 것이 가장 중요하다. 즉 자기 자신의 속에서 탈피하여야 한다.

이 세상은 그 어떤 존재라도 자기 사고의 틀 속에, 자기 자신만의 작은 세계 안에 갇혀 있는 사람의 말과 글에 흥미를 느끼지 않는 법이다.

최소한 글을 쓰는 작가가 되기 위해서는 자신을 뛰어넘어야 한다. 그래서 너무나 많은 사람들이 작가로서 삶을 성공적으로 살아가는 것이 힘들다고 말하는 것이다.

이런 점에서 작가란 문장력만 뛰어난 사람이 아니다. 이런 점에서 작가란 글만 잘 쓰면 되는 사람이 절대 아닌 것이다. 먼저 작가란 자기 자신을 뛰어넘어야 할 그 무엇이다. 이것이 필자가 정의한 작가의 의미이다.

하지만 이것은 과거의 정의일 뿐, 다가오는 새로운 미래에 작가의 정의는 너무나 놀랍게, 그리고 급격하게 바뀔 것이다.

어쨌든 지금까지의 작가는 이래야 했다. 자신을 넘어선다는 것은 결국 외부적으로 볼 때 사고와 학문의 경계를 허문다는 것이다.

사고와 학문의 경계를 허무는 가장 좋은 방법, 가장 쉬운 방법은 발상을 전환하는 것이다. 그렇기 때문에 발상의 전환을 의도적으로 노력하지 않는 사람은 작가가 되기 힘들다. 그리고 발상의 전환을 의도적으로 노력하는 방법의 하나는 이 세상의 모든 일들에 대해 항상 의문을 가지는 것이다.

그러므로 작가는 항상 '왜' 라는 질문을 던질 수 있어야 한다. 그러한 '왜' 라는 의문 속에서 한 권의 책이 나오고, 그 한 권의 책을 통해 수 백 권의 책이 탄생할 수 있게 되기 때문이다.

이러한 의문을 품게 되면 좋은 점이 남들이 미처 생각지도 못했던 것들을 생각할 수 있게 되고, 남들이 미처 깨닫지도 못한 것들을 깨닫게 되기 때문이다.

이외수 작가도 자신의 저서를 통해 발상의 전환 없이는 책쓰기의 발전을 기대하지 말라고 말한 적이 있다.

" 의문은 발상을 전환시키는 도화선이다. 끊임없이 의문을 던져라. 참새는 왜 걷지 못할 까, 양심 측정기가 발명되면 어떤 사람들이 가장 강력하게 사용을 반대할까. 물에 비친 달은 물일까 달일까. 돌고래는 정말로 외계에서 온 지성체일까.

끊임없이 의문을 던지면서 해답을 탐구하라. 남들이 보는 시각과 똑같은 시각으로 사물을 바라보는 습관을 버려라. 그래야만 남들이 미처 발견하지 못했던 것들을 발견하고 남들이 미처 깨닫지 못했던 것들을 깨달을 수 있다. "

< 이외수, [책쓰기의 공중부양], 64쪽 >

의문을 가지게 되면 자연스럽게 다양한 분야의 책들을 더 탐독하게 되고 공부를 하게 된다. 그리고 그렇게 되어야 한다. 사고만 의존해서도 안 되고, 지식만 확장해서도 안 된다. 이 세상은 모든 것이 서로 영향을 준다. 그러므로 다양한 지식, 학문을 공부해야 하는 것과 마찬가지로 다양한 사고도 해야 한다.

이 두 가지 중에 굳이 더 중요한 것을 선택하라면 공부이다. 천재들은 공부가 필요하지 않다. 사색만 하면 되기 때문이다. 하지만 평범한 사람들은 공부가 없이 사색만

하면 그 사고의 폭이 너무나 편협해지고 좁아진다. 그래서 공부를 통해 사고의 폭을 넓혀질 수 있는 토대를 만들어 주어야 하는 것이다.

책쓰기를 게임으로, 놀이로 만들어라.

작가가 되고자 하는 사람들에게 가장 하고 싶은 말은 책쓰기를 의무로 생각하거나, 돈벌이나 생계를 위해서 해야만 하는 일로 절대 생각해서는 안 된다는 것이다.

생각해 보라. 책쓰기는 결국 어린아이들이 놀이터에서 노는 것과 같다는 사실에 대해서 한 번 정도는 생각해 보라. 어린 아이들이 놀이터에서 놀 때는 절대 그 어떤 결과에 대해서도 걱정하거나 두려워하지 않는다.

어린아이들은 놀이에만 집중한다는 것이다. 또한 놀이는 가장 인간을 창조적으로 만든다. 그래서 무엇보다 중요한 인간의 창조 활동이며 자연스러운 것이다. 그런 점에서 당신이 놀이와 상관없는 삶을 살아가고 있다면 당신에게는 그 어떤 재미도 없고, 그 어떤 창조성도 없다는 사실을 잊어서는 안 된다.

왜 놀이가 중요한 것인지 생각해 보라.

놀이를 자주 하고, 잘하는 어린아이나 성인일수록 무엇을 해도 창조적이고 사고가 유연하고 업무의 성과도 높고 인간관계도 원만하다.

유머 감각이 높은 사람일수록 연봉이 높고 업무 성과가 뛰어나다는 사실이 이미 알려 졌다.

책쓰기를 게임이나 놀이로 만들어야 할 필요가 바로 이것이다.

책쓰기의 성과를 높이고, 창조적이고 유연한 책쓰기가 가능하게 되기 때문이다. 하기 싫지만 돈벌이를 위해서 하는 책쓰기는 고통이다. 하지만 게임이나 놀이처럼 책쓰기를 하는 것은 즐거움이고 기쁨이다.

인간은 즐겁고 기쁘고 신이 날 때 가장 창조적이고 가장 놀라운 능력을 발휘해 낼 수 있는 그런 동물이다.

2002년 월드컵 때 한국인들은 열정적인 응원을 통해 전 세계를 매료시켰다. 한국인들에게 그런 저력은, 그런 다이내믹한 열정은 어디에 숨어있었던 것일까? 그들을 깨운 것은 과연 무엇일까?

한 마디로 바로 ‘ 즐거움’ 이었고, ‘재미’ 였고, ‘감동’ 이었다.

생계를 위해서 하는 일을 통해서 감동을 받고, 즐거움과 재미를 느끼는 사람은 많지 않다. 하지만 게임이나 놀이를 통해서 감동을 받고, 즐거움과 재미를 느끼는 사람은 적지 않다.

살아 숨 쉬는 문장을 쓰는 법은 단순하다.

“ 글로 사람의 마음을 훔쳐본 적이 있는가? 기억에 오래 남는 문장의 비결을 아는가? 심리학에 바탕 한 책쓰기가 무엇인지 아는가? 세상에는 두 종류의 글이 있다. 어필하는 글과 어필하지 못하는 글이 그것이다. 읽어도 감흥을 주지 못하는 문장이 있는가 하면, 읽을 때마다 가슴 설레게 하는 문장도 있다. 카피가 사람들에게 서둘러 구매하고 싶은 마음이 들게 한다면 그것은 반드시 히트 상품이 된다.”

< 조셉 슈거맨, [첫 문장에 반하게 하라], 5쪽 >

그렇다. 당신은 어떤 글을 쓰는 사람인가? 정확히 말하자면 당신의 글은 어필하는 글인가? 아닌가? 당신의 글을 읽는 독자들에게 그 어떤 감흥을 주는 글을 쓰는가? 아니면 그 어떤 가슴 설레게 하는 떨림을 주는 글을 쓰는가?

과연 이 차이를 만드는 것은 무엇일까? 그 비결은 무엇일까?

필자의 견해로는 기교의 문제가 아니라 진실한 마음의 문제라고 생각이 든다. 진짜 살아 숨쉬는 문장을 쓰는 법은 멀리 있지 않다. 참된 마음으로 글을 쓰면 된다. 하지만 이것이 가장 힘든 이유는 세상에 대한 욕심과 부와 성공에 대한 집착 때문이다.

순수한 마음을 가진 종교인들의 글이 최근에 일본이나 한국에서 베스트 셀러를 차지하고 높은 순위를 계속해서 오랫동안 유지하는 이유가 무엇인지 아는가? 그것이 바로 참된 마음을 가진 사람이 기교에 의지해서 글을 쓰는 것이 아니라 진심으로 참되게 글을 쓰기 때문인 것이다.

부와 명예와 세상의 성공에 욕심을 내는 사람은 마음이 그러한 것들로 가득 차 있기 때문에 보석과 같은 글이 나오는 것이 아니라 잡동사니와 같은 허접한 글이 나올 수 밖에 없는 것이 아닌가?

글도 그러한 글은 스스로 자살을 한다. 자신이 살아 숨쉬어야 할 가치가 없는 글이라는 사실을 누구보다 먼저 알고 있기 때문이다. 그래서 글에 힘이 없고, 글이 무미건조할 수밖에 없는 것이 아닐까?

욕심을 내게 되면 무엇보다 흉측한 냄새가 나게 된다. 글에도 그런 냄새가 옮겨진다는 사실을 알아야 한다. 소설가 한승원 작가는 욕심 때문에 흉측한 냄새를 풍기는 현상에 대해 이렇게 설명한 적이 있다.

“ 나이든 주제에 착실하게 공부는 하지 않으면서 이름 낼 욕심, 돈 모을 욕심, 지위 욕심만 내고 거짓말로 남들을 속이기만 하고, 그러면서 자기 혼자만 옳다고 미친 개처럼 짖어대는 사람들이 자주 보인다. 이때 나는 진저리치며 생각한다. 아, 나는 저렇게 흉측한 냄새를 풍기지 않고 살아야지.” < 한승원, [한승원의 책쓰기 비법 108가지], 59쪽 >

욕심을 내지 않고, 참된 마음으로 순수하게 글을 쓰게 되면, 그 글은 살아 숨쉬고 생동감이 흘러넘치게 된다. 그 결과 그런 글은 힘이 있다. 그래서 독자들에게 감흥을 줄 수 있고, 설렘과 떨림을 줄 수 있는 것이다.

글이든 동물이든 죽은 상태에서는 그 어떤 자극도 주지 못한다. 하지만 살아 있을 때는 상황이 달라진다. 크든 작든 자극을 줄 수 있고, 영향을 줄 수 있다. 그것이 아무리 작은 떨림이고 하찮은 설렘일지라도 반드시 전해지고 영향을 주게 되어 있다.

바로 이것이 살아 숨 쉬는 글들이 힘이 셀 수밖에 없는 이유인 것이다.

그래서 소설가 한승원 작가도 좋은 글을 쓰려면 먼저 영혼이 순수하고 진실해야 한다는 사실을 강조했지, 기교나 기술을 강조하지 않았다는 사실을 그의 책을 통해 알 수 있다.

" 글에는 그것을 쓴 사람의 진실이 보석처럼 박혀 있기도 하고 허위의 구린내가 만장처럼 너풀거리기도 한다. 진실한 자는 나서지 않고 침묵할 줄 알고 연금술사처럼 기다릴 줄 안다. 진실하지 못한 자는 자기의 진실하지 못함이 드러날까 봐 조급해하고, 진실하지 못함을 변명하기 위해 수다나 너스레를 떨고 넉살을 부린다.

진실하지 못한 글을 아름답게 하기 위해 현란한 수사로 치장을 하게 되면, 그것은 고운 헝겊을 누덕누덕 기워 만든 보자기로 오물을 싸놓은 것처럼 흉한 냄새를 풍기게 된다.

좋은 글을 쓰려면 먼저 영혼이 순수하고 진실해야 한다. "

< 한승원, [한승원의 책쓰기 비법 108가지], 93쪽 >

살아 숨 쉬는 문장을 쓰고 싶다면 먼저 자신의 영혼이

살아 숨 쉴 수 있게 해 주어야 한다. 영혼은 순수하고 진실 될 때 살아 숨 쉴 수 있다. 그리고 그것이 당신이 향기롭게 글을 쓸 수 있는 유일한 길이다.

"모름지기 글을 잘 쓰려면 마음속에 착함과 진실됨이 담겨 있어야 한다. 다음은 책쓰기에 미쳐야 한다. 미친다는 것은 그것이 아니면 죽는다는 생각으로 매진한다는 것이다. 글을 쓰되 그 글을 자기 생명처럼 사랑해야 한다. 글을 써가는 과정을 즐기고, 쓴 다음 다시 읽어보고 또 다른 즐거움을 맛보았다면 그 글은 틀림없이 독자의 감동을 얻어낼 수 있는 좋은 글이 될 터이다." < 한승원, [한승원의 책쓰기 비법 108가지] >

맑고 진실한 책쓰기가 결국 독자들의 마음을 사로잡는 것이다. 베스트셀러 작가가 되기 위해, 돈을 많이 벌기 위해, 유명해지기 위해 글을 쓸 때는 절대 독자들을 감동시킬 수 없다. 그래서 그러한 목표에서 더 멀어지게 되는 깃이다.

맑고 진실한 마음을 가졌다면, 그다음에는 책쓰기에 오롯이 미쳐야 한다. 그렇게 미칠 때 위대한 책쓰기가 구현될 수 있다. 최소한 무엇인가에 미치지 않고서 무엇인가를 이루어 낸 사람은 단 한 사람도 없다는 사실은 결코 과장된 말이 아님을 필자는 확신한다.

글을 잘 쓰기 위해 집중해야 할 두 가지 사실.

당신이 최고의 작가가 될 수 있는 방법을 공개하고자 한다. 너무 놀라지는 말라. 단순히 방법은 가능할 수 있는 하나의 방법일 뿐이다. 당신이 최고가 될 수 있는 방법은 이 세상에 유일하게 단 한 가지는 아니라는 점을 함께 명심해 주기 바란다.

첫째. 당신이 쓴 첫 문장이 독자로 하여금 도저히 읽지 않으면 도저히 견딜 수 없게 만들라는 것이다.

둘째. 당신이 쓴 글들을 독자로 하여금 계속해서 읽게 만드는 것이다. 한 마디로 독자들로 하여금 당신의 글에 중독이 되게 하는 것이다.

당신이 그렇게 만들기 위해서는 강력한 책쓰기를 할 수 있어야 한다. 강력한 책쓰기는 한 마디로 독자들에게 강한 인상을 남기는 책쓰기이다.

모든 중독의 본질은 쾌감의 강렬하고 짜릿한 인상이다. 마약과 같은 그런 강렬한 인상을 독자에게 줄 수 있으면 당신은 이미 성공한 작가와 다를 바 없다. 독자들은 당신을 잊지 못 하기 때문이다.

위대한 대문호의 글들을 읽어 보라. 그들의 글에는 강렬한 인상이 있다. 그래서 그 작가들을 당신은 이 세상이 수많은 작가들보다 먼저, 그리고 오래, 그리고 영원히 기억하게 되는 것이다.

문제는 강렬한 인상을 독자들에게 주는 글을 어떻게 당신이 쓸 수 있는 가 일 것이다. 그 방법은 이 세상에서 당신에게 직접 가르쳐 줄 사람은 단 한 사람도 없다. 당신에게 가장 좋은 방법은 당신만이 알고 있기 때문이다.

헤밍웨이와 스타인벡과 같은 작가들은 독자들에게 강렬한 인상을 주기 위해서, 즉 좋은 글을 쓰기 위해서 직접 모험을 했다. 그러고 나서 그들은 위대한 글을 쓸 수 있었다.

셰익스피어와 스티븐 킹은 생활고로 비참한 생활을 하

면서 수많은 직업들에 전전해야 했다. 하지만 그러한 인생의 밑바닥 경험이 그들로 하여금 독자들에게 강한 인상을 남길 수 있었다.

그들의 글들이 살아 숨 쉬는 이유가 바로 이것이다.

당신이 강렬한 인상을 남길 수 있는 작가가 되고 싶다면 다양한 경험을 해야 한다. 당신이 이미 다양한 경험을 했다면 그것보다 더 좋은 것도 없겠지만, 당신이 살면서 경험한 것은 시대와 장소에 제약을 받은 한정적인 경험에 불과하다는 사실을 알아야 한다.

최고의 경험을 쌓는 최고의 방법은 엄청나게 많은 다양한 책들을 읽는 것이다. 그것이 가장 작은 시간과 작은 노력과 작은 투자로 가장 많은 경험을 할 수 있는 최고의 방법인 것이다.

바로 이런 이유에서 중국의 시성 두보는 '만 권의 책을 읽으면, 글을 쓰는 것이 신의 경지에 이르게 된다.' 고 말을 했던 것이다.

만 권 정도의 책을 읽은 사람은 남들이 상상도 하지 못하는 다양한 경험과 인식을 갖추게 된다. 그렇게 엄청난 경험과 의식이 최고의 글을 쓰는 데 가장 중요한 토대가 되어 준다고 필자는 생각한다.

하지만 경험만 무조건 풍부하다고 좋은 작가가 될 수 있는 것은 절대 아니다. 뿐만 아니라 엄청난 책을 읽고 엄청난 경험을 가지고 있다고 해도 더 더욱 최고의 작가가 되는 것은 아니다.

최고의 작가가 되기 위해서는 한 가지 더 필요한 것이 있다. 그것은 바로 누구에게 이야기를 할 것인가에 대한 확실한 분석이 있어야 한다는 것이다.

다시 한 번 말하자면, 최고의 작가가 되는 방법은 독자들에게 최고의 인상을 심어 주어야 한다. 최고의 인상을 받은 작가에게 독자들은 중독이 되어, 팬이 되기 때문이다. 결국 확고한 팬들이 많은 작가들이 최고의 작가인 셈이다.

그런데 최고의 인상을 독자에게 심어 주기 위해서는 독자에 대해 깊게 넓게 제대로 분석해야 하는 것이 반드시 필요하다.

사람마다 취약한 부분이 다르고, 열광하는 부분이 다르기 때문이다. 당신이 당신의 글의 독자들로 생각하는 사람들에 대해 잘 알면 알수록 당신은 그들의 마음에 쏙 드는 글을 쓸 수 있게 된다.

그런 점에서 당신이 최고의 작가가 되기 위해서는 두 가지 핵심에 집중해야 한다.

첫 번째는 당신 자신이다. 당신 자신의 경험, 의식, 사고를 향상시켜야 한다. 최소한 독자들에게 많은 영향력을 주기 위해서는, 그들의 인생을 바꾸기 위해서는 그들보다 더 많은 경험을 해야 하고, 더 높은 의식을 길러야 하고, 그들보다 더 폭 넓고 유연하고 창조적인 사고를 해야 한다.

두 번째 당신이 집중해야 하는 핵심은 당신의 글의 독자가 되어줄 사람들이다. 독자들에 대해 정말 잘 알고 있고, 많이 알고 있고, 그들의 심리를 꿰뚫어 볼 수 있는 작가가 되면 그들을 훨씬 더 쉽게 더 많이 그들의 마음을 사로잡을 수 있는 글을 쓸 수 있기 때문이다.

고대 중국의 병법서인 [손자병법] 〈모공편(謀攻篇)〉에 나오는 말인 '지피지기백전불태[知彼知己百戰不殆]'란 말이 책쓰기에도 그대로 적용된다고 필자는 생각한다.

즉 독자를 알고, 자기 자신을 알고 나서 글을 쓴다면 백 권의 책을 쓴다 해도 절대로 위태롭게 되지 않을 것이다.

“ 작가는 인생을 두 배로 살아가는 사람이다. 먼저 첫 번째 인생이 있다. 길에서 만나는 여느 사람들처럼, 건널목을 건너고 아침에 출근하기 위해 넥타이를 매는 그런 일상생활이다. 하지만 이들에게는 생활의 또 다른 부분이 있다. 모든 것을 다시 곱씹는 두 번째 인생이다. 이들은 글을 쓰기 위해 자리에 앉을 때마다 자신의 인생을 다시 들여다보고 그 모습을 면밀하게 음미한다. 삶을 이루고 있는 재질과 세부 사항을 들여다본다.” < 나탈리 골드버그, [뼛속까지 내려가서 써라], 91쪽 >

제5장. 다섯 번째 멘토링 _ 모든 책쓰기에는 전략이 있어야 한다.

" 글은 누구나 쉽게 이해할 수 있어야 하며, 간결한 문체와 적절한 표현은 훌륭한 책쓰기의 첫걸음이다. 그러나 장황하게 단어들만 나열하는 글은 읽는 사람의 눈을 어지럽게 할뿐더러 특히 남의 글을 표절하는 행위는 일종의 강탈이며 범죄행위이다. 그러므로 글쓴이의 고유한 문장과 문체는 소박한 정신과 순수한 신념으로 구축되는 건축물과 같다."

< 쇼펜하우어, [문장론] 중에서 >

모든 글에는 전략이 있어야 한다.

" 글을 쓴다는 것은 그냥 일상을 기록한다는 것이 아니다. 생각 없는 일상의 기록은 우리 삶의 현상에 대한 기록일 뿐이다. 눈앞에 드러난 현상을 볼 뿐 진실을 보지 못한 글이라면 읽을 가치가 없다. 책쓰기는 독자에게 질문하기이다. 바로 이것이 우리들 삶의 진실 아닐까요, 하는 질문.

삶 속에서 진실을 찾아내는 것은 그것을 찾아내려는 자의 항심여하에 달려 있다. 글을 잘 쓰려면 항심의 날을 날카롭게 벼려야 한다. 글 쓰는 자의 항심이란 무엇일까.

진실이 어디에 있는지 항상 주의 깊게 살피고 성찰하는 가슴이다. " < 한승원, [한승원의 책쓰기 비법 108 가지], 99 ~ 100 쪽 >

모든 글에는 전략이 있어야 한다. 그러한 전략은 책쓰기를 통해 자신을 더욱더 확실하게, 그리고 더욱 더 넓게 표현하기 위한 최고의 수단이어야 한다. 하지만 그것이 과장되고 포장되어서는 안 된다.

진실한 전략을 통해 자신의 글이 좀 더 많은 이들에게 읽히는 것은 굉장히 바람직한 것이 될 것이다.

그렇다면 어떤 전략이 글 쓰는 사람에게는 필요할까? 비즈니스 전략과는 조금은 달라야 한다. 그래서 비즈니스 전략가들이라고 해서 글을 잘 쓸 수 있는 것은 아닌 것이다. 책쓰기의 전략은 자기 자신에게서 비롯되어야 한다는 점이 비즈니스 전략과는 다른 차원의 전략이 필요하다고 할 수 있다.

비즈니스의 전략은 초점은 외부의 자원과 경쟁자들이다. 하지만 책쓰기의 전략은 자기 자신의 사고와 자기 자신의 의식이다, 의식과 사고가 남달라야 남들이 보지 못하는 것을 볼 수 있게 된다.

그것이 바로 책쓰기의 최고의 전략이다. 책쓰기의 최고

의 전략은 절대 외부에서 구하는 것이 아니다.

책쓰기의 완성은 결국 자기 자신에게 달려 있는 것이다. 비즈니스의 완성은 그렇지 않다. 비즈니스의 완성은 계약을 해 주는 타 회사와 물건을 구입해 주는 소비자들에게 달려 있다. 하지만 책쓰기의 모든 전략은 자신의 머리에서 시작되어 결국 자신의 손끝에서 완성되어야 하는 것이다.

당신은 어떤 전략으로 글을 쓸 것인가? 당신은 무엇을 최고의 전략으로 삼을 것인가?

필자가 조언해 주고 싶은 책쓰기의 전략은 당신의 사고이다. 하지만 그냥 사고가 아니다. 그것은 '수평적 사고' '통합적 사고' '입체적 사고'이다,

모든 작가는 사고가 남달라야 한다. 그래야 다른 사람들이 보지 못 하는 것들을 발견해 낼 수 있기 때문이다. 그리고 그러한 발견은 결국 좋은 책쓰기의 재료가 되고, 내용이 되고, 피가 되고 살이 된다. 그러한 피와 살이 부족할수록 책쓰기에는 전략이 부재할 수밖에 없게 되는 것이다.

책쓰기의 모든 전략이 당신의 사고에서 비롯되어야 할 이유가 바로 이것이다.

결론은 '수직적인 사고' '평면적인 사고' 만 할 줄 아는 사람들은 절대 작가가 될 수 없다. 쓸 재료가 절대적으로 부족하기 때문이다. 아무리 힘들게 글을 쓴다고 해도 이런 작가들이 쓴 글을 읽고 어떤 독자들도 망치로 머리를 얻어맞은 듯한 그런 강렬한 충격을 받지 않기 때문이다.

거꾸로 말해서, 수직적인 사고를 하는 사람은 아무리 열심히 노력해서 글을 쓴다 해도 단 한 사람의 독자라도 사로잡을 수 없다. 인간은 절대로 자신이 생각해 낼 수 있는 생각들로 가득 찬 글을 읽고 감탄하지 않기 때문이다.

수평적인 사고, 입체적인 사고, 통합적인 사고를 할 줄 알아야 좋은 글을 쓸 수 있는 이유가 바로 이것이다. 독자들로 하여금 감탄하게 만들 수 있는 그런 글을 쓸 수 있는 사람은 사고가 남다른 사람들이다. 그리고 그것이 바로 혁신인 것이다.

그래서 책쓰기의 최고의 전략은 새로운 시각에서 새로운 것을 발견하고 새로운 것을 깨닫는 것에서 비롯된다. 물론 그것도 자기 자신의 사고와 새로운 시각에 전적으로 의지해야 하는 것이다.

새로운 발견은 결국 새로운 것을 만드는 것이 아니라 새로운 시각을 가지는 것에서 비롯되는 것이다. 작가에게는 모름지기 이러한 새로운 시각이 항상 필요하다. 그것이 작가가 가져야 할 항심인 것이다.

순서만 바꾸어도 전혀 다른 문장이 된다.

" 형상화시키기 위하여 묘사적인 서술을 한답시고 글을 지리멸렬하게 써서는 안 된다. 모든 글은 속도감 있고 긴박하고 재미있지 않으면 안 된다. 창조적이어야 하고 진리가 담겨 있어야 한다," < 한승원, [한승원의 책쓰기 비법 108가지], 206쪽 >

더 나은 책쓰기를 넘어서 최고의 책쓰기를 원하는 작가 지망생들이 있다면 반드시 한 가지 사실을 추가로 명심해 두는 것이 매우 유익할 지도 모르겠다. 필자가 생각하는 그 한 가지 사실은 '모든 문장은 순서만 바꾸어도 전혀 다른 문장이 되고도 남는다' 는 사실이다.

그런데 이 말을 명심하면서 이 말을 전혀 다른 의도로 해석하는 사람들이 대부분이다. 필자가 하고 싶은 말은 제발 단어 순서를 바꾸지 말라는 것이다.

좀 더 정확한 표현을 위해서 단어 순서를 바꾸는 것은 상관없지만, 좀 더 잘 묘사하기 위해서, 좀 더 잘 형상화하기 위해서, 좀 더 아름다운 문장을 만들기 위해서, 좀 더 멋진 문장을 만들기 위해서 절대로 순서를 바꾸는 잘못을 저지르지 말라는 말이다.

그렇게 하는 것은 대단한 헛수고가 아니라 그 이상의 해악이다. 백해무익이란 말을 과거에 많이 들었던 적이 있었다. 그런데 필자가 생각하기에 바로 이 경우를 두고 하는 말이라는 생각이 든다.

많은 사람들, 심지어 전업 작가들, 그리고 심지어 위대한 작가들조차 좀 더 잘 묘사하기 위해, 좀 더 멋지게 묘사하기 위해, 좀 더 아름답게 묘사하기 위해, 좀 더 잘 형상화하기 위해 문장의 순서를 바꾸고, 단어의 순서를 바꾼다.

하지만 필자는 이것에 반대한다. 아니 절대로 반대한다. 그 이유는 한 가지이다,

그렇게 할 때 십중팔구는 글이 지리멸렬해 지기 때문이다, 다시 말해 죽도 밥도 아닌 그런 글이 되어 버린다는 것이다. 작가는 죽도 되고, 밥도 되는 그런 완벽한 글을

쓰기 위해 이러 고치고 저리 고치고 이리 바꾸고 저리 바꾸었지만 결과적으로 이것도 아니고 저것도 아닌 그런 글이 되어 버린다는 것이 필자의 생각이다.

그렇기 때문에 책쓰기의 가장 바람직한 방법은 속도감과 긴박감과 즐거움이 잘 조화된 상태에서 그 행위를 하는 것이다.

그런 점에서 작가는 뛰어난 혁신가여야 하고, 모든 사람들의 사고를 뛰어넘는 위대한 사상가여야 한다. 그렇게 되었을 때 비로소 창조적인 책쓰기가 가능하며, 그 글 속에 진리가 담겨 있게 되기 때문이다.

새로운 생각, 새로운 내용, 새로운 사실, 새로운 스토리, 새로운 느낌, 새로운 세계를 펼쳐 열어 보여 줄 수 있어야만 독자들은 놀라게 되고, 그 충격에 사로 잡히게 되어 있고, 당신의 글의 마니아가 되어 주는 것이다.

첫 문장에 반하게 하는 방법.

모든 작가가 가장 먼저 고민해야 할 것이 바로 이것이다. 당신의 첫 문장에 독자들이 반하게 하는 방법에 대한 고민이다.

한 가지 힌트는 강렬해야 한다는 것이다. 강렬하기 위해서는 당연히 짧고 간결해야 한다. 그리고 그 메시지가 조금은 도발적인 것이어야 한다.

한 마디로 '굵고 짧게 쓰라'는 것이다. 베스트셀러가 된 작품들을 보라. 강한 인상을 순식간에 준다. 그리고 무엇보다 짧고 간결하다.

짧고 간결해야 하는 이유는 그래야 독자들이 쉽게 접근

할 수 있고, 쉽게 이해할 수 있고, 쉽게 빠져들 수 있기 때문이다.

첫 문장만 짧고 간결해야 하는 것은 절대 아니다. 모든 글은 짧고 간결하게 쓸 수 있어야 하고 그렇게 쓰기 위해 노력할 필요가 있다.

긴 호흡을 원하는 독자들은 없다. 힘들기 때문이다. 문장이 너무 길면 긴 호흡이 필요하다. 이것은 쓰는 사람이나 읽는 사람이나 양쪽을 모두 힘들게 할 뿐만 아니라 가장 중요한 소통이 어려워지게 복잡하게 해 준다.

대부분의 평범한 사람들은 글을 쓸 때 가장 큰 실수를 하는 부분이 바로 이 부분이다. 대부분의 평범한 사람들은 대체로 글을 길게 쓴다. 그리고 그 이유는 자꾸 무엇인가를 장황하게 설명하고 이해시키려고 하기 때문이다.

하지만 작가는 달라야 한다. 작가는 독자들에게 이해를 선사하기 위해 글을 쓰는 사람이 아니라 느낌을 선사하기 위해 글을 쓰는 사람이 되어야 한다.

즉 작가는 설명하려고 해서는 안 된다. 보여주려고 해야 한다. 독자들이 바로 그 장소에, 그 현장에, 그 사건에, 그 상황에 놓이게 해서, 직접 경험하고 눈으로 보고 귀로 듣고 온 몸으로 느낄 수 있도록 해 주어야 한다.

그래서 짧은 문장이 더욱 더 유리한 것이다. 짧은 문장일수록 보여주는 것에 가깝기 때문이다. 하지만 설명하기 위해서는 짧은 문장이 아니라 긴 문장을 자연스럽게 선호하게 된다.

좀 더 지나치게 표현해서 글을 쓰는 사람이란 짧은 문장과 짧은 문장을 많이 쓰는 사람이다. 그리고 그것을 연결하는 것이 작가의 최고의 임무인 것이다. 그런 점에서 작가는 책을 쓰는 사람이 아니라 문장을 쓰는 사람이다.

[책쓰기의 영도]란 책을 통해 프랑스 지성계에 자신의 존재를 알린 프랑스의 소설가였던 롤랑 바르트에 의하면 플로베르는 '소설을 쓴 것이 아니라, 문장과 문장을 연결한 것에 불과하다' 는 것이다.

이 말의 의미를 곱씹어 보라. 모든 책은 수많은 문장으로 이루어질 뿐이다. 그러므로 문장들이 힘이 있고, 간결하고, 강렬하다면 그 책은 그런 것이다. 하지만 문장이 길고 가늘다면 독자들에게 그 어떤 힘도, 느낌도, 인상도 주지 못하게 된다.

첫 문장에 독자들의 관심이 생길 수 있는 메시지를 강렬하게 주어야 한다. 마치 광고 카피처럼 말이다. 광고 카피는 한 눈에 고객의 마음을 움직이게 해 준다. 호기심을 자극하고, 강렬한 메시지를 줄수록 성공적인 광고 카피 문구가 된다.

첫 문장은 어느 정도 광고 카피와 같은 속성을 가져야 한다. 첫 문장이 바로 그 책을 대변하는 '광고 카피'의 역할을 해야 하기 때문이다.

그래서 첫 시장이 매우 중요한 것이다. 첫 문장을 읽고 식상해 버리거나 그 어떤 감흥도 느끼지 않은 독자들은 십중팔구 그 책을 끝까지 읽지 않을 것이다. 하지만 첫 문장에 강렬한 인상을 받은 독자들은 그 책을 끝까지 읽을 공산이 높아진다. 하지만 그 책을 끝까지 읽게 만드는 것은 첫 문장의 기능과 역할을 벗어나는 일이다.

첫 문장의 소명은 독자들이 첫 문장에 반하게 하고 강렬한 인상을 가지도록 하는 것이다. 그리고 그것이 되었다면, 그다음의 몫인 끝까지 읽게 만드는 것은 그 다음의 수많은 문장들과 스토리와 또 다른 책의 요소들에 맡겨야 한다.

흥미를 끌 수 있는 한 방이 있어야 한다.

독자들을 사로잡기 위해서는 반드시 한 방이 있어야 한다. 한 방이 없을 때 독자들은 지치고 식상해하고 실망하게 된다.

독자들이 왜 당신의 긴 글인 당신의 책을 읽는지 아는가?

자기 자신을 넉 다운시켜줄 무엇인가를 만나고 읽기 위해서이다. 그리고 그것이 바로 '한 방'이다. 독자들은 당신의 글을 통해 큰 거 한 방을 맞기를 원하기 때문에 당신의 책을 읽는다.

그것이 소소한 즐거움일수도 있지만, 그것보다는 좀 더

강렬한 그 무엇이기를 원하다. 그래서 독자들이 책을 읽다가 강렬한 그 무엇인가를 만나게 되면, 머리에 충격을 받고, 머리가 띵해지기도 한다. 하지만 독자들은 바로 그러한 것을 원하기 때문에 책을 읽는 것인지도 모른다.

베스트셀러나 고전을 막론하고 독자들이 많이 읽는 책은 반드시 독자들을 감동하게 할 한 방이 숨어 있다. 독자들은 숨어있는 바로 그것을 찾기 위해 책을 통해 숨바꼭질을 작가와 함께 하는 것이다.

작가는 책이라는 보물섬을 만들고, 독자는 작가가 만들어 놓은 그 책이라는 보물섬에서 보물을 찾고자 한다. 하지만 문제는 작가가 그 보물섬에 독자들이 보물이라고 생각할 수 있는 한 방을 숨겨 놓지 않으면 독자들은 힘들게 책을 다 읽은 후에 책과 독자를 욕할 수밖에 없는 상황이 된다.

시간과 에너지를 낭비했다는 생각이 들고, 책값이 아까운 심정이 들기 때문이다. 그런 점에서 작가의 최고의 의무는 독자들로 하여금 책이라는 보물섬에서 보물을 마음껏 발견하고 만족할 수 있도록 보물들을 책 속에 심어놓는 일이다.

그것은 큰 거 한 방일 수도 있고, 소소한 작은 보물들일 수도 있다. 하지만 어쨌든 보물들을 반드시 심어 놓아야 한다는 사실은 변함이 없다. 어떤 종류의 보물이 될 것인지, 몇 개의 보물일지는 작가의 몫이다.

어떤 노래라도 핵심 메시지가 있고, 절정의 순간이 있다. 책도 그와 비슷해야 한다. 밋밋한 책일수록 한 방이 없는 책이다. 큰 거 한 방이 있는 책일수록 독자들을 쉽게 사로잡을 수 있다.

바로 이런 이유 때문에 독자들을 사로잡기 위한 책쓰기를 하기 위해서는 독자들을 반드시 고려해야 하는 것이다. 바로 이런 이유 때문에 출판사들은 시장 조사를 통해 독자들이 어떤 것에 매료되고, 어떤 것에 크게 한 방을 먹는 것인지를 파악하는 것이다.

호기심을 먼저 자극하고 빠져들게 하라.

어떤 것을 하더라고 호기심을 자극하는 것은 중요하다. 그것이 제일 우선 조건이다. 독자들의 호기심을 자극하지 못하는 책들은 절대 독자들에게 선택을 받을 수 없고, 읽힐 수 없다.

냉혹한 현실이지만 이것이 현실이다. 그래서 출판 시장에서도 빈익빈 부익부가 그대로 나타나는 것이다. 당신의 책이 독자들을 사로잡을지, 그렇게 하지 못 할지를 결정하는 것은 당신의 책 내용에서 결정되는 것이 아니라 당신의 책이 독자들의 호기심을 얼마나 강렬하게 자극할 수 있느냐 없느냐에서 결정된다는 사실을 명심하라.

인간은 배고픈 것은 참아도, 궁금한 것은 못 참는 동물이다. 그렇기 때문에 당신의 책쓰기는 반드시 독자들을 궁금하게 만들어야 한다.

생각해 보라. 독자들은 반드시 당신의 책을 읽어야 할 이유가 없다. 이 세상에는 너무나 많은 작가의 너무나 많은 책이 이미 존재하기 때문이다. 그래서 당신은 독자들이 반드시 당신의 책을 읽어야 하는 이유를 스스로 만들어야 한다.

당신은 무엇으로 독자들이 당신의 책을 반드시 읽어야만 하도록 만들 것인가?

그것은 바로 독자들의 호기심을 자극하는 일이다. 호기심을 자극하면 독자들은 읽지 말라고 해도 읽게 된다.

바로 이런 이유에서 인간은 '읽어서는 안 되는 책들을 더 많이 읽는 존재'인 것이다. 그러므로 당신은 당신의 책에 호기심을 자극하는 요소를 가미시켜야 할 뿐만 아니라 호기심을 자극하는 요소를 노출해야 한다.

이것은 당신을 그대로 있는 그대로 노출시키기 위해서, 먼저 해야 할 필요가 있는 포장이라고 생각해야 한다. 그런 점에서 진정한 포장은 연출이 아니라 다른 종류의 것들의 노출이라고 할 수 있다.

독자들의 호기심을 자극하는 스토리가 무엇인지, 요소가 무엇인지, 시대의 트렌드가 무엇인지, 이슈가 무엇인지, 독자들의 관심거리가 무엇인지, 독자들의 성향은 무엇인지, 독자들이 가장 궁금해하는 것은 무엇인지에 대한 명확한 답을 발견하는 것이 매우 중요하다.

만약에 이러한 것들을 누구보다 잘 발견해 낼 수 있다면 당신은 독자들을 반드시 사로 잡을 수 있게 된다. 그러므로 이러한 질문들에 대해 생각하고 고민을 하고 많은 사색을 해야 할 필요가 있다.

남들과 다르다는 것을 느낄 수 있게 하라.

“ 작가란 한 걸음 떨어져 있는 사람이다. [델의 농부]에 등장하는 치즈처럼 말이다. 책 속에서 치즈는 유일하게 인간도 동물도 아니면서 그들 사이에 가만히 홀로 존재하는 캐릭터이지만 단순한 소품이나 배경의 자리에 머무르지 않고 결국 나름의 역할을 한다. 그처럼 당신은 아웃사이더이지만, 멀리 떨어져서도 당신의 망원경으로 모든 것을 눈앞에 있는 것처럼 볼 수 있다. 당신이 할 일은 당신의 관점을 명백하게 드러내면서, 당신이 목격한 사실을 기록하는 것이다.”

< 앤 라모트, [책쓰기 수업], 172쪽 >

작가가 본질적으로 남들과 달라야 한다. 최소한 지금까지는 그렇다고 할 수 있다. 하지만 이러한 전제가 영원히 변치 않는 것은 절대 아니다. 어디까지나 지금까지이다. 하지만 이러한 전제는 이제부터 달라질 가능성도 없지 않다. 아니 오히려 그 가능성은 더 커진다고 할 수 다.

생각해 보라. 과거 중세 시대 글을 읽고 쓸 수 있는 사람들은 극소수였다. 그들은 일반 평범한 사람들과 다른 사람들, 특수한 권력을 가진 자들이거나 소수 지도층이었다. 하지만 어느 순간부터 글을 읽고 쓸 수 있는 사람들이 남들과 특별히 다른 사람들이 아닌 시대가 열렸다.

그리고 지금까지는 글을 쓰는 작가, 그런 직업을 가진 사람들은 남들과 달라도 어딘가 다른 사람들이었다. 그들은 마치 이 세상을 그저 관조하는 사람처럼 여겨진다. 남들보다 좀 더 특별하고 풍부한 상상력을 가진 사람들이거나 남들보다 좀 더 똑똑하고 영리한 사람들처럼 여겨졌다.

그렇기 때문에 당신도 남들과 다른 그 무엇인가를 가지고 있어야 한다. 최소한 지금까지는 말이다. 물론 앞으로 다가올 미래는 작가와 독자의 경계가 점점 더 허물어지게 될 것이라고 예측한다. 그래서 그런 미래 예측서를 집필하고 있다. 하지만 지금까지, 바로 이 시대에 작가가 되고자 하는 작가 지망생들은 반드시 남들과 다르다는 것을 독자들에게 보여 줄 수 있어야 한다.

지금까지는 독자들은 자신과 다른 사람을 좋아한다. 영웅이나 천재, 혹은 특별한 재능을 가진 사람들의 이야기를 좋아한다. 하지만 이것은 지금 변해 가고 있다는 사실도 알아야 한다. 평범한 사람들의 이야기를 더 좋아하게 되는 미래가 올 수 있다. 그런 시대가 오면 당신은 작가가 되려고 노력할 필요도 없어진다. 누구나 글을 읽고 쓸 수 있는 시대에 글을 읽고 쓰기 위해 특별히 남들보다 더 많은 노력을 기울이지 않아도 그것을 할 수 있기 때문이다.

미래에는 그런 시대가 생각보다 빨리 올 것이라고 예측한다. 누구나 작가가 될 수 있는 그런 시대가 말이다. 하지만 지금은 그런 시대가 아니다. 그러므로 남들과 달라지기 위해 노력해야 하고, 남들과 다른 그 사실을 독자들에게 어필해야 한다.

“이 세상에는 두 종류의 작가가 있다.

세상에 어필하는 작가와 어필하지 못하는 작가다. 그 차이가 무엇이겠는가? 바로 남들과 다른 차이를 가지고 있는가이다. 당신에게는 그런 차이점이 있는가? 글만 잘 쓴다고 작가가 될 수 있을 것이라고 생각하는 것은 너무 큰 오산이다. 오히려 글을 못 쓰지만, 작가가 된 사람들이 적지 않다. 그 이유는 바로 남과 다른 차이를 가지고 있기 때문이다."

이것이 필자가 초보 작가에게 꼭 해 주고 싶은 조언이다.

당신이 작가가 되고 싶다면, 그리고 당신의 글에 사람들이 관심을 기울이도록 하기 위해서는 무엇보다 남들과 달라야 하고, 다른 작가들의 작품과도 달라야 한다. 그것이 마케팅의 전부가 되게 해야 한다.

생각해 보라. 하루에 100권 이상의 새로운 책이 출간된다. 그리고 이미 서점에는 새로운 신간 서적들로 차고 넘친다. 그리고 이미 유명한 1%의 작가들의 책들이 독자들의 80% 이상을 사로 잡고 있다.

당신의 책이 출간된다고 해도, 서점의 구석에서도 찾아보기 힘들다는 것을 명심하라. 서점에는 비싼 세금을 내고, 장소를 빌리거나 만들어야 한다. 잘 팔리는 책을 전시할 것이다. 당신의 책은 절대로 전시해 주지 않는다. 다만 당신의 책이 남들과 다른 극적인 차이가 있다면 모른다.

그러므로 당신, 특히 작가가 되고자 하는 작가 지망생이거나 혹은 단 한 번도 책을 출간한 적이 없는 당신이라면, 그리고 유명 인사도 아니고 엄청난 업적을 달성해서 세상이 주목하는 그런 사람도 아니라면 더더욱 당신에게 필요한 것은 극적인 차이여야 한다.

극적인 차이에는 다양한 것들이 있다. 엄청난 업적, 엄청난 인생, 엄청나게 특별한 삶, 이 세상에서 그 어떤 사람도 한 번도 하지 못 한 일을 하는 것, 이 세상에서 그 어떤 사람도 생각해 내지 못한 것을 상상해 내고 발명하고 창조하는 것, ... 당신에게는 그 어떤 특별한 극적인 차이가 있는가?

보라. '죽음의 수용소'의 저자처럼 지옥의 수용소에서 살아남았는가? 보라. 당신은 다산 정약용 선생처럼 복사뼈가 세 번이나 구멍이 뚫릴 만큼 지독한 공부를 했던 극적인 경험이 있는가? 보라. 당신에게는 공자처럼 위편삼절의 경험이 있는가? 보라 당신에게는 나폴레옹처럼 위대한 정복자의 모습이 있는가?

만약에 당신에게 이러한 극적인 차이가 없다면? 없다면 만들어라. 있다면 그것을 선전하고 그것을 알리고 그것을 글로 쓰라. 그것이 당신이 독자들을 사로잡는 최고의 방법이다.

명확한 메시지가 있어야 한다.

당신의 글이 독자들의 마음을 사로잡게 하는 또 다른 방법 중에 하나는 명확한 메시지를 전달하는 것이다. 이 세상은 복잡한 세상이다. 그래서 명확하고 단순한 진리에 사람들은 열광한다. 자신이 살아가고 있는 세상과 다른 세상을 선호하기 때문이다.

복잡한 세상에 살면서 많은 사람은 복잡하고 애매모호하고 혼란스러운 상황에 지쳐가고 있고, 식상해하고 있다. 그런 혼란 속의 사람들에게 단순하고 명쾌한 메시지를 던져 줄 수 있다면 당신은 이미 위대한 작가로 도약할 준비가 되어 있는 작가이기도 하다.

당신이 해야 할 일은 이것이다. 복잡한 세상 사람들에게 단순하고 명쾌하고 명확한 한 가지 메시지를 던져 주는 것이다. 당신에게는 이러한 메시지가 있는 가?

세상에 던져 주고 싶은, 그리고 그럴만한 가치가 있는 그런 명확한 메시지가 있는가?

그 메시지가 간단하고 명쾌하고 명확할수록 세상 사람들은 당신의 메시지에 빠져 들게 되어 있다. 그리고 그 메시지가 진정 사람들과 세상에 가치있는 것일수록 당신의 메시지는 더 넓게 더 많이 더 빨리 세상 속으로 퍼져 나가게 되어 있다.

문제는 그러한 메시지를 당신이 진정 가지고 있느냐 하는 것이다.

이러한 메시지가 없으면서도 글을 쓰는 사람들은 자기 자신을 기만하는 것이고, 세상을 또한 기만하는 것이 된다. 그래서 사이비 작가, 가짜 멘토 들이 이 세상에 넘쳐 나는 것이다. 세상의 젊은이들이 특히 작가들의 화려한 외양만 보고, 멘토로 존경을 하는 사람들 중에 보면, 정말 아무것도 없는 사람, 즉 메시지가 아무것도 아닌 사람들이 적지 않다.

그 메시지는 자신의 인생을 토대로 만들어야 하기 때문

에 아무나 쉽게 만들어 낼 수 없다. 그리고 그 메시지는 스스로 지독한 공부를 해야만 만들어 낼 수 있기 때문에 시류에 편승하는 책을 몇 권 출간해서 인기를 얻었다고 해서 그저 만들어지지 않는 다.

그런 점에서 그런 메시지를 정확히 많이 잘 가지고 있고 만들어 내는 사람은 흔하지 않다. 하지만 그런 메시지가 분명한 사람들은 오랫동안 사람들에게 큰 영향력을 끼치고, 세상을 조용히 변화시킨다. 하지만 그저 운이 좋아서 인기를 얻은 사람들은 이내 곧 그 인기가 사라지면 물거품처럼 하나도 남지 않는 다.

당신이 작가가 되고자 한다면 메시지가 있어야 한다. 당신이 쓴 글이 독자들을 사로잡기를 원한다면 명쾌하고 명확한 메시지가 그 글 속에 담겨 있어야 한다. 그리고 그러한 메시지를 만들기 위해서는 스스로 사색가가 되어야 하고, 창조적으로 사고하는 습관을 가져야 하고 만들어야 한다.

그래서 작가는 창조적으로 사고하는 사람이어야 하는 것이다.

" 작가의 일상이란 대부분의 시간을 책상에 앉아서 매일 매일 글을 쓰는 것이라 할 수 있고, 그러기 위해서 살면서 마주치는 거의 모든 것을 다 받아들이는 습관을 기르는 것이다. 작은 것 하나도 버릴 건 없다고 믿으면서, 그것은 매우 편한 습관이 될 수 있고, 이는 손톱을 깨무는 습관과 비슷하다. 항상 걱정만 하면서 지내는 대신, 한발 물러서서 무슨 일이 벌어지는지를 관조하고, 그 상황을 보다 창조적으로 사고하는 것이다. 지하철에서 마주치는 하층민의 삶에 경악하는 대신, 그들의 의복과 태도와 언어의 디테일들을 자세히 관찰하는 것이다. 아마도 당신은 어떤 관점에서 생각을 해야 할지를 잘 모르고 있을 수도 있다. 그러나 당신은 할 수 있는 한 최선을 다해 모든 것을 수용해야 한다. 아이들처럼 순수하게 열린 마음으로, 대부분의 어른들처럼 분위기 있는 안개 처리를 하지 않은 채로 말이다.”

< 앤 라모트, [책쓰기 수업], 245쪽 >

이 글처럼 훌륭한 작가가 되기 위해, 즉 명확한 메시지를 창조하기 위해, 창조적인 사고를 하는 사람이 되기 위해서는 이 세상의 모든 것을 순수하게 다 수용하고, 그것을 관찰하고, 그것을 곱씹어 보면서 사색하는 능동적 사색가가 되어야 할 필요가 있음을 명심하라.

당신에게 그 어떤 메시지가 없다면 아무도 당신의 글을 읽지 않을 것이고, 아무도 당신을 기억해 주지 않을 것이다.

당신에게 가장 중요한 것은 메시지인 이유는 무엇보다

당신이 팔아야 하는 것은 그 어떤 상품이 아니기 때문이다. 당신이 팔아야 하고, 전파해야 하고, 세상에 내놓아야 하는 것은 상품이 아니라 컨셉이기 때문이다.

그 컨셉이란 바로 메시지여야 하고, 또는 이미지여야 한다. 꿈이라는 컨셉, 희망이라는 메시지, 부와 성공이라는 멋진 이미지가 바로 당신이 팔아야 하고, 세상에 내놓아야 하는 컨셉인 것이다.

감동과 재미는 서비스로 곁들여라.

사람들에게 메시지를 전달하는 것이 최고의 목적이라고 할 수 있다. 하지만 그렇다고 당신이 메시지라는 알맹이만 전달하게 된다면 처음 당신의 글을 접하는 사람들은 한 두 페이지를 읽다가 멈추게 될 것이다.

왜냐하면 아무리 몸에 좋은 음식이라고 해도 맛이 없다면, 맛 좋고 보기 좋은 요리에 더 주목하게 되고 끌리게 되는 것이 바로 인간이기 때문이다. 보기 좋은 떡이 먹기도 좋다. 하지만 몸에 얼마나 좋은지는 다른 문제이다. 문제는 보기가 좋지 못한 떡은 아무리 몸에 좋아도 먹으려고 눈길조차 주지 않는다는 것이다.

당신의 글이 이런 꼴이 되지 않게 하기 위해서 당신이 해야 할 일이 있다. 그것은 보기 좋은 떡으로 만드는 것이다. 물론 내용도 없고, 메시지도 없고, 알맹이도 없으면서 보기만 좋은 떡으로 만드는 것은 독자들을 기만하는 행위일 뿐만 아니라 그런 책은 어차피 많은 이들이 읽어 주지도 않는다는 것이다. 그렇기 때문에 내용이 없고, 메시지가 없는데 보기만 좋게 만드는 것은 결국 작가의 입장에서 손해이다.

더 큰 손해는 그런 책을 읽고서 큰 실망을 하게 된 독자들은 다시는 당신의 책을 읽지 않는 다는 것이다. 그러므로 당신은 먼저 내용을 알차게 하고, 메시지를 확실하게 만들고, 알맹이가 튼실하게 있게 해야 한다. 그 후에 당신이 해야 할 일은 그런 내용이 읽히도록 보기 좋은 떡으로 만드는 것이다.

여기서 당신의 문장력이 약간 필요하고, 당신의 유머가 필요하고, 당신의 감성이 필요하다.

감동과 재미가 없다면 아무도 당신의 책을 자주 읽지 않기 때문이다. 서비스라고 생각해도 된다. 물론 일반서적의 작가는 개그 방송 작가가 아니다. 하지만 그럼에도 불구하고 감동과 재미를 독자들에게 선사해 주는 것은 나쁘지 않다. 아니 오히려 당신의 글을 힘들게(?) 읽어준 독자들에 대한 배려이고, 서비스인 것이다.

생각해 보라. 밥만 먹는 식당이라고 해서 음식을 다 먹은 후에 맛있는 커피나 차나 과일을 대접하지 말라는 법은 없다. 오히려 고급 식당일수록 이런 것들이 잘 갖추어져 있다. 그만큼 손님을 배려하고, 서비스 정신이 높다는 것이다.

당신의 책도 이와 같은 고급 식당이 되게 하라는 것이다. 당신이 독자라면, 손님이라면 같은 가격으로 당신을 배려하고 서비스가 좋은 식당에 자주 가겠는가? 아니면 서비스도 나쁘고, 디저트도 없는 그런 식당에 자주 갈 것인가?

다시 말하겠다. 당신의 글과 메시지가 아무리 훌륭하다고 해도 당신의 그것을 잘 전달하기 위해서는 그 내용에 걸맞은 수준의 서비스가 필요하다는 것이다.

그러한 것들 중에 하나가 바로 문장력이다. 문장력이라고 해서 명문장만 생각해서는 안 된다. 똑같은 내용을 말하는 문장이더라고 감칠맛이 나고, 읽을수록 재미가 있는 그런 문장을 구성하라는 것이다.

똑같은 말을 해도 누군가가 말을 하면 재미가 있게 들린다. 하지만 똑같은 말이라도 다른 사람이 이야기하면 듣는 것이 고역인 경우도 있다. 말도 그렇지만 글도 그렇다. 당신의 글을 감칠맛이 나는 재미가 줄줄 흘러넘치는 그런 글로, 문장으로 만들어 나가야 한다.

제목이 식상하면 아무도 읽지 않는다.

독자들을 사로잡는 책쓰기에서 결코 간과해서는 안 되는 것이 바로 제목이다. 당신의 글이 아무리 좋은 글이고, 감동적인 글이라고 해도 제목이 식상하면 아무도 당신의 책을 읽지 않는 다는 것은 분명한 사실이다.

그런 점에서 당신은 책쓰기와 함께 제목을 반드시 멋지게 만들어야 할 필요가 있음을 명심해야 한다.

제목이 식상하면 당신의 책은 베스트셀러가 되어 수백만 명이 읽을 수 있는 책임에도 수 천 명도 읽지 않는 그런 책으로 전락할 수 있다. 그 이유는 순전히 제목 때문이다. 그러므로 당신은 독자들을 사로잡기 위해서 제목을 멋지게 독특하게 기발하게 아름답게 눈길이 가게 만들어야 한다.

제목의 중요성에 대해 잘 알게 해 주는 책이 바로 [칭찬은 고래도 춤추게 한다]라는 제목의 책이다. 왜냐하면 이 책이 처음부터 이 제목의 책이 아니기 때문이다. 이 책은 처음에는 [You Excellent] 라는 제목의 책으로 출간되었다. 그런데 많이 판매되지 않았다. 그러다가 나중에 다시 [칭찬은 고래도 춤추게 한다]라는 제목으로 재출간되었는데, 그때 이 책이 베스트셀러가 되어 버린 것이다.

결국 똑같은 내용의 책임에도 제목만 달라졌음에도 독자들이 양이 확연하게 달라질 수 있다는 사실을 잘 말해 주는 사례이기 때문이다.

바로 이런 이유에서 출판사는 표지 디자인과 함께 책의 제목을 선정하는 데 많은 시간과 주의를 기울이고 있는 것이다. 똑같은 책이라도 제목에 따라서 판매량이 달라지고, 수익이 달라지기 때문이다.

제목은 결국 그 책의 얼굴이다. 또한 제목이 좋으면 오래 기억되고, 많이 기억되고, 많이 회자될 가능성이 매우 높다. 하지만 반대로 제목이 너무 어렵고 나쁘면 절대 오래 기억되지 않고 많이 회자될 수 없다.

사람의 이름이 중요하다고 말하는 사람들이 많이 있는 이유가 바로 이런 이유인 측면도 없지는 않을 것이다. 이름이 중요한 것은 사람만이 아니다. 기업이나 회사도 이름이 중요하다. 그래서 세계적인 기업들이 이름이 세 자를 넘어가지 않는다. 만약에 이름이 길면 소비자들이 기억하기 힘들고, 외우기 힘들기 때문이다.

보라. 애플, MS. GM, 삼성, 소니, 노키아. 코카콜라. 맥도날드, IBM, BMW, 벤츠, 구글 등을 봐도 이런 사실을 잘 알 수 있을 것이다.

그래서 제목을 지을 때 반드시 짧고 간결하고 명확해야 한다는 것이다. 그래야 소비자들의 머리에 오래 각인되기 때문이다. 책도 이와 다르지 않다. 독자들이 인터넷이나 신문에서 한 번 스쳐 지나가면서 보더라도 기억하기 쉽고 외우기 쉽다면 그 책의 제목은 훌륭한 것이다.

책 제목을 지을 때 반드시 명심해야 하는 한 가지 사항이 있다. 책의 내용과 전혀 다른 책 제목을 그저 제목이 멋지다고 해서 지으면 절대 안 된다는 것이다. 보라. 책 제목을 보고 그 책을 구입한 독자들이 책을 읽어가면서 점점 더 자신이 기대했던 그 내용, 즉 책 제목이 암시하는 바로 그 내용이 전혀 없는 그런 책임을 서서히 알게 되면 될수록 독자들의 실망은 커져 갈 것이다.

그래서 책 한두 권 더 팔겠다고, 책 제목을 내용과 전혀 관련성이 없는 것으로 선택하는 출판사나 작가가 있다. 하지만 이것은 제 무덤을 스스로 파는 것과 다를 바 없음을 알아야 한다.

독자들은 바보가 아니다. 그렇게 실망을 준 책과 작가에 대해서 반감을 품게 되고, 그 후로는 그 작가의 책을 그 독자는 읽을 가능성이 거의 없다는 것을 알아야 한다.

가장 이상적인 책 제목은 책의 내용을 한 마디로 가장 잘 표현할 수 있는 제목이라고 생각한다.

책쓰기는 독자와의 대화이자 소통이다.

" 책쓰기란 일종의 작업을 행하는 것으로서 바로 종이 위에 이루어내는 소통의 작업이다. 어떤 장르의 글을 쓰든지 노련한 작가라면 자기 자신을 문장의 생산자(이것은 책쓰기에 대한 학술적인 견해일 뿐이다.)로 보지 않는 다. 노련한 작가는 자신을 자기 표현에 종사하는 사람으로 생각하지도 않는다. 말하자면 촛불을 환히 밝히고, 마음을 가라앉히는 음악을 들으면서 어휘를 동원해 정신의 치료 효과를 맛보게 하는 표현으로 보지 않는다는 말이다. 이런 방식으로는 다른 누군가가 읽고 싶어하는 글을 생산하리라 기대할 수 없다. 노련한 작가라면 자기 자신을 소통 행위자로 본다. 이들은 무언가 할 말이 있으며, 그 무엇을 독자에게 전달하고 싶어한다." < 바버라 베이그, [하버드 책쓰기 강의], 9 ~ 10쪽 >

필자는 이 생각에 전적으로 동의한다. 책쓰기란 한 마디로 소통이자 대화여야 한다. 그리고 그것이 맞다. 그렇다면 대화와 소통의 가장 중요한 것이 무엇인지를 생각해보자. 가장 중요한 소통과 대화의 본질은 바로 진실이다.

아무리 대화 스킬이 뛰어나고 소통의 달인이라고 해도 어느 장소에서 그가 만나는 사람들에게 하는 모든 말에 진정성이 의심된다면 그의 소통과 대화는 아무 값어치가 없는 것에 불과하다.

더 큰 문제는 그날 그와 대화하고 소통한 사람 중에 대부분의 사람이 그와 다시는 대화하려고 비싼 값을 지불하거나 아까운 시간을 낭비하지는 않을 것이라는 사실이다.

그러한 대화와 소통이 오롯이 독자들의 선택에 의해 가능한 책의 구입과 같은 것이라면 당신의 진정성이 의심되는 순간 당신은 더 이상 작가로 살아가지 못하게 될지도 모른다.

그런 점에서 책쓰기는 진실해야 한다. 다시 말해 좋은

책쓰기는 진실을 말하는 것이라고 할 수 있다.

" 워크숍 첫날 내가 새로운 학생들을 대상으로 강의를 시작할 때 가장 먼저 하는 이야기가 있다. 바로 '좋은 책쓰기는 진실을 말하는 것' 이라는 점이다. 우리는 먼저 우리 자신이 누구인지를 알고 싶어 하는 종족이기 때문이다. 그리고 글을 쓰려면 무엇보다 자신의 본질부터 이해할 필요가 있다. 동물의 피를 빨아 먹는 벼룩이라면 이런 열망을 공유하지 않을 것이다. 그래서 그들은 거의 글을 쓰지 않는 것이다. 그러나 우리는 글을 쓴다. 우리는 말하고 싶고 이해하고 싶은 것이 너무나 많다."

< 앤 라모트, [책쓰기 수업], 41쪽 >

이처럼 어떤 작가는 좋은 책쓰기란 결국 진실을 말하는 것이라고 정의하기도 한다. 필자도 이와 다르지 않다. 훌륭한 책쓰기란 독자와 가장 많이 대화하고 소통할 수 있는 책쓰기라고 할 수 있기 때문이다. 독자와 가장 많이 대화하고 소통할 수 있기 위해서는 가장 중요한 것은 당신과 당신의 생각과 삶을 있는 그대로 가감 없이 보여주는 것이다.

그런 점에서 책쓰기는 진실해야 하고, 거짓이 없어야 하고, 과장이나 포장이 없어야 한다. 문제는 많은 작가들이 과장하고 포장해서 좀 더 세련되게, 좀 더 멋지게, 좀 더 아름답게 보여주는 것이 더 좋은 것이라고 생각하는 것이다.

하지만 대화와 소통의 첫 번째 조건은 진실이다. 거짓도, 포장도, 과장도 없는 것이 바로 진실이다. 그런 점에서 당신에게 가장 필요한 것은 진실하게 그대로 보여주는 책쓰기이다.

책쓰기가 작가 혼자만의 독백이 되게 해서는 안 된다. 절대로 말이다. 책쓰기는 반드시 그 글을 읽어 줄 독자들을 생각해야 한다. 그런 점에서 책쓰기는 독백이어서는 안 된다. 책쓰기는 대화여야 한다.

그렇기 때문에 책쓰기를 통해 작가들은 독자들에게 말을 걸어야 하고, 얘기를 통해 독자들에게 자신을 표현해야 한다. 그것도 진실하게 말이다. 자신의 생각을 거침없이 표현하고 밝혀야 한다. 그것이 작가인 것이다.

책쓰기에는 기술이 필요하다.

책쓰기는 독자와의 대화이자 소통이다. 그래서 노련한 작가일수록 자신을 소통하는 사람으로 생각해야 한다. 그리고 소통과 대화를 잘 하기 위해서는 나름의 기술이 필요하다. 마찬가지로 그런 점에서도 책쓰기에는 기술이 반드시 필요하다.

20년 동안 하버드 대에서 책쓰기를 가르쳐 온 바버라 베이그는 자신의 저서를 통해서 책쓰기에는 기술이 필요하다는 사실에 대해서 강조한 적이 있다.

“ 다른 어떤 일을 할 때에도 마찬가지겠지만 책쓰기를 하고 싶다면 일정한 기술이 필요하다. 훌륭한 타자가 되고 싶다면 투수가 던진 공에 시신을 집중하는 법이나 올바로 타격하는 법을 배울 필요가 있다. 뛰어난 피아니스트가 되고 싶다면 악보를 읽고 건반 위에서 손가락 움직이는 법을 배울 필요가 있다. 이렇게 운동선수나 음악가와 마찬가지로 글 쓰는 사람 역시 글을 잘 쓰기 위해서는 일정한 기술이 필요하다는 말이다."

< 바바라 베이그, [하버드 책쓰기 강의], 10쪽 >

그가 제시하는 책쓰기에 필요한 기술은 모두 네 가지였다. 첫 번째는 자신이 말하고자 하는 내용을 찾아내는 기술, 두 번째는 자신의 독자들을 고려하는 기술, 세 번째는 자신이 쓰고자 하는 글의 장르에 대해 아는 기술, 네 번째는 자신의 마음속의 생각을 독자의 마음속에 집어넣기 위해 언어를 사용하는 기술이다.

필자는 그가 제시하는 기술 중에서도 네 번째 기술에 매우 큰 인상을 받았다. 너무나 멋진 말이기 때문이다.

마음과 마음이 통한다는 멋진 말이 있다. 바로 이심전심(以心傳心)이라는 말이다. 작가는 한 마디로 자신과 독자들이 서로 이심전심할 수 있게 하는 사람이다. 자신의 책을 읽은 사람의 마음이 자신의 마음과 동일하게 되는 것이 최고의 소통일 것이다.

그렇기 때문에 이 책의 저자도 책쓰기에 필요한 기술

중에서도 마지막 네 번째 기술에 대해서 이렇게 설명을 덧붙이는 것이다.

“ 노련한 작가는 단어와 문장, 문단을 활용해서 자신의 마음에 담긴 재료를 다른 사람의 마음으로 옮기는 법을 안다. 또 노련한 작가는 언어를 사용해 어떻게 하면 독자의 마음을 움직일지, 어떻게 하면 독자들을 울리고 웃길지, 어떻게 하면 그들에게 정보를 전달하고, 어떻게 하면 그들을 설득하고 가르칠지도 안다.”

< 바버라 베이그, [하버드 책쓰기 강의], 10쪽 >

필자는 이 책을 읽으면서 두 번 놀랐다. 어떠면 이렇게 내 마음을 작가가 잘 알고 있을까? 라는 생각 때문이다. 그리고 또 한 번은 그의 설명이 너무나 정확하고 명료하기 때문이다.

이 책의 저자가 서둘러 지적한 내용이기도 하고, 필자가 반드시 이야기 해 주고 싶은 내용이기도 한 한 가지 사실이 있다. 그것은 이 세상에 그 어떤 작가라도 이러한 기술을 저절로 타고나서 저절로 연습도 없이 발휘해 낸 작가는 단 한 명도 없었다는 것이다.

한 마디로 책쓰기의 기술은 반드시 연습과 훈련, 그리고 학습에 의해서 갖출 수 있는 기술이라는 점이다. 그 수준이 높든 낮든 이러한 기술을 타고나는 작가는 없다. 독자와의 소통을 위해서 필요한 기술, 즉 작가가 되기 위한 기술은 반드시 학습을 해야 하고, 연습과 훈련을 해야만 획득할 수 있는 기술이라는 사실을 명심하라.

기술과 관련하여 꼭 해 주고 싶은 말이 있다. 세계적인 피아니스트 블라디미르 호로비츠의 말이다. 남보다 더 나은 기술을 습득하기 위해서는 반드시 날마다 연습해야 하고, 꾸준히 연습해야 하고, 중단해서는 안 된다는 사실을 그는 잘 말하고 있다.

“ 나는 날마다 연습한다. 하루라도 연습을 안 하면 나 자신이 그것을 안다. 이틀을 안 하면 비평가들이 알고 사흘을 안 하면 청중이 안다.”

“ 작가는 인생을 두 배로 살아가는 사람이다. 먼저 첫 번째 인생이 있다. 길에서 만나는 여느 사람들처럼, 건널목을 건너고 아침에 출근하기 위해 넥타이를 매는 그런 일상생활이다. 하지만 이들에게는 생활의 또 다른 부분이 있다. 모든 것을 다시 곱씹는 두 번째 인생이다. 이들은 글을 쓰기 위해 자리에 앉을 때마다 자신의 인생을 다시 들여다보고 그 모습을 면밀하게 음미한다. 삶을 이루고 있는 재질과 세부 사항을 들여다본다.” < 나탈리 골드버그, [뼛속까지 내려가서 써라], 91쪽 >

제6장. 여섯 번째 멘토링 _ 작가를 위한 가장 중요한 멘토링

“ 좋은 작가가 되려면 날마다 최소한 원고지 13매의 글은 써야 해요. 그것은 다만 쓰레기를 치우기 위한 거예요. 우리는 너무나 많은 쓰레기에 파묻혀 지내는데, 쓰레기에 치여서는 좋은 글감을 발견할 수 없어요. 책쓰기는 운동 경기와 같아서, 군살이 찌면 곤란해요. 그러기 위해 날마다 13매는 긁어야 한다고 봐요.” _ 레이 브래드버리. [작가 다이제스트] 인터뷰 내용.

< 로버타 진 브라이언트, [누구나 글을 잘 쓸 수 있다], 175쪽 >

우뇌와 좌뇌를 모두 사용하라.

좋은 작가, 더 나은 작가가 되고 싶다면 이것 하나는 반드시 명심하자.

우리의 뇌는 두 개라는 사실이다. 좌뇌만 사용하지 말라. 그리고 우뇌만 사용하지도 말라. 좌뇌와 우뇌를 모두 사용할 수 있는 작가가 위대한 작가가 될 수 있다는 결론에 도달했다.

좌뇌와 우뇌는 각각 다른 기능을 하기 때문이다. 한쪽만 활용하고 사용하는 것은 마치 너무나 다양한 도구들 중에서 반만 사용하고 반은 그냥 골방에 처박아 놓고 사용하지 않는 것처럼 낭비적인 일이기 때문이다.

[누구나 글을 잘 쓸 수 있다]의 저자인 로버타 진 브라이언트는 글을 쓸 때 뇌가 어떻게 작용하는지 이해하는 것이 매우 도움이 될 뿐만 아니라 글을 잘 쓰기 위해서 반드시 잘 알고 있어야 한다고 말한다. 그리고 그녀는 책 쓰기의 1단계와 2단계가 바로 각각의 우뇌와 좌뇌의 힘을 이용하는 것이라고 다음과 같이 말하고 있다.

" 1단계의 책쓰기에서는 정서적인 우뇌의 특성이 발현된다. 재미, 감각, 직관, 상상, 자발성, 원시적 표현 등이 그것이다.

2단계 책쓰기에서는 지적인 좌뇌의 힘을 이용하게 된다. 논리, 판단, 절제, 초점, 위트, 언어의 정확성 등이 좌뇌의 영역이다.

글을 쓸 때 우뇌는 계획에 얽매이지 않고 큰 그림을 상상하고 느끼며, 전체를 종합적으로 통찰한다. 좌뇌는 계획을 세우고 지키며, 분석적인 사고로 세부를 점검한다. "

< 로버타 진 브라이언트, [누구나 글을 잘 쓸 수 있다], 177쪽 >

위대한 작가들의 글을 보면 논리적이지만, 감성이 풍부하다. 하지만 아마추어일수록 논리적이지만 감성이나 느낌이 결여되어 있거나, 아니면 정반대로 너무 감성적이지만 논리가 결여되어 있다.

우뇌와 좌뇌를 모두 사용해야 하는 이유가 바로 여기에 있다. 하지만 문제는 지금까지 인류는 좌뇌 중심의 교육을 받아 왔고, 좌뇌 중심의 사회 구조 속에서 살아왔다는 것이다. 산업화 시대와 지식 정보화 시대를 살면서 인류는 우뇌 보다 좌뇌 중심적인 생활을 하도록 익숙해 져 있다.

논리적이고 시시비비를 가리고 구체적인 계획을 좋아하는 것은 모두 좌뇌형 사회가 만든 부산물이다. 한국 사회가 점점 서양을 닮아가고, 소송이 많아지고, 비판이나 악플이 많아지는 것은 모두 점점 더 좌뇌형으로 가고 있다는 것을 보여주는 반증일 것이다.

하지만 한국인들은 이 세상에서 그 어떤 민족들보다 우뇌형이다. 그래서 통합적이고 감성적이다. 신명이 나면 무엇이든 해 낼 수 있는 민족이 바로 한국인이다.

그런데 현대 교육이 시작되면서, 빠른 산업화를 통해 경제 성장만 급격하게 한 것이 아니라, 한국 사람들의 뇌 활동이 급격하게 좌뇌 중심으로 바뀌었다고 생각한다. 그 결과 많은 사람들이 글을 쓰는 것에 대해서 부담을 느끼게 되었다고 생각한다.

평범한 사람들이 너무나도 많이 글을 쓰는 것에 부담을 느끼는 가장 큰 이유는 논리적이고 구체적으로 정확하게 써야 한다는 강박관념, 즉 좌뇌에 너무 편향되고 집중된 사고방식과 생활 습관과 교육의 악영향 때문이라고 할 수 있을 것이라고 필자는 생각한다.

책쓰기를 시작도 하지 못하는 것은 바로 논리적으로 판단하기를 좋아하는 좌뇌 때문이다. 더 나은 작가가 되기 위해서는 좌뇌의 절제와 판단과 논리와 언어가 필요하다. 그렇기 때문에 더 나은 작가가 되기 위해서 직관과 상상을 활용하고, 재미와 감각, 느낌에 자신을 맡겨보는 그런 우뇌형 사람으로 약간 옮겨가야 할 필요가 있을 것이다.

의도적으로 우뇌형 사람이 되고자 노력해야 양쪽 뇌의 균형이 맞추어 지기 때문이다.

" 성공한 작가 혹은 좋은 작가는 우뇌와 좌뇌의 능력을 모두 발휘한다. 훌륭한 작가들의 경우 우뇌와 좌뇌가 무의식적으로 서로 돕는다. 글을 쓰고 편집하고 책을 만들 때, 우뇌에서 좌뇌로, 그 역으로 자유롭게 오가는 능력을 지닌 작가도 많다."

< 로버타 진 브라이언트, [누구나 글을 잘 쓸 수 있다], 178쪽 >

결론은 더 나은 작가가 되기 위해서 당신의 감성을 자극하는 일을 매일 하여 우뇌를 깨우고 단련시켜야 한다는

것이다. 이러한 사실에 대해서 알고만 있다고 해서 저절로 양쪽 뇌를 무의식적으로 균형이 맞도록 잘 사용할 수 있는 것은 아니기 때문이다.

많이 읽어라. 읽은 만큼 그만큼의 작가가 된다.

옛날부터 글을 잘 쓰기 위해서는 삼다(三多)를 해야 한다는 말이 있다. 당송팔대가 중의 한 명인 구양수는 글을 잘 쓰는 비결에 대해서 삼다(三多)를 주장한 적이 있는데, 이것이 지금까지 책쓰기 방법의 金科玉條로 삼으며, 황금률로 전해 내려오고 있다.

" 多聞多讀多商量다문다독다상량"

한마디로 많이 듣고, 많이 읽으며, 많이 생각한다는 뜻이다. 중국(中國)의 구양수(歐陽脩)가 글을 잘 짓는 비결(秘訣)로서 이른 말이다.

필자는 이 말이 정말 천하의 명언이라고 생각한다. 이 말을 실제로 알게 모르게 실천해서 작가가 된 사람이 바로 필자이기 때문이다.

많이 듣는다는 것을 결국 많이 읽는다는 것과 같은 의미라고 생각한다. 결국 다독(多讀)이 다문(多聞)과 하나도 다를 바 없다고 생각한다.

많은 책을 읽은 사람은 결국 많은 것을 보고 들은 것과 같다. 그런 점에서 필자는 다독을 권장하는 사람 중 한 명이다.

필자가 운이 좋게도 다독을 3년 정도 하지 않았다면 지금의 필자도 존재하지 못했을 것이라고 강하게 믿고 있기 때문이다.

왜 당대의 시성 두보가 '남아수독오거서' 라고까지 하면서, 다독(多讀)를 강조했을 까?

그것은 바로 다독을 해야 세상을 보는 눈이 그만큼 정확해지고 넓어지기 때문이다.

동양의 시성이 강조한 다독을 서양의 철학자인 장 폴 사르트르의 표현을 빌려 대답하자면, ' 인생을 포함해서 많은 것을 변화시키고 싶다면? 먼저 많은 것을 받아들여야 하기 때문' 이라고 말하고 싶다.

좋은 작가가 되기 위해서는 무엇보다 세상을 보는 눈이 있어야 한다. 읽은 만큼 세상이 보이게 되고, 보이는 만큼 책을 쓸 수 있기 때문이다.

그렇기 때문에 더 나은 작가가 되고 싶다면 먼저 많은 책을 읽어야 한다. 이것은 절대적인 황금률이다.

많은 책을 읽어야, 많은 간접 경험을 할 수 있고, 그로 인해 다양하고 많은 사고와 견해를 받아들일 수 있고, 스스로 할 수 있는 경지에 이르게 된다.

바로 이것이 우리가 다독을 해야 하는 이유이다.

세상 적으로 대학교도 졸업하지 못했던 이외수 작가가 그나마 작가로서 살아갈 수 있었던 것은 아마도 다독 때문이었을 것이라고 필자는 생각한다.

그의 책 [책쓰기의 공중부양]이란 책에 보면 ' 글의 기본재료는 단어다. 어떤 분야에서든지 성공하고 싶다면 기본을 무시하지 말아야 한다.' (12쪽)라고 하는 말이 나온다.

그가 한 이 말에 전적으로 동감한다. 그렇다면 글의 기본재료인 단어를 어떻게 늘려야 하는 것일까?

글의 기본재료인 단어를 늘리는 최고의 방법은 또한 '다독'이다. '다독'이 아니고서는 어휘력을 제대로 향상시킬 수가 없다. 그 이유는 단순히 단어 수만 많이 안다고 어휘력이 높은 것은 절대 아니다.

어휘력이 높다는 것은 단어를 많이 알고 있어야 할 뿐만 아니라 그 단어들을 적절한 문장 속에 잘 넣어서 활용할 줄 아는 능력까지 있는 것을 의미한다.

그렇게 하기 위해서는 '다독'이 최고의 방법인 것이다.

다독은 사고의 폭을 넓혀 줄 뿐만 아니라 글의 기본 재료가 되는 어휘력도 향상 시켜 준다는 점을 명심하자.

예술의 신, 뮤즈! 그런 것을 기대하지 마라.

일본의 작가인 와시다 고야타씨는 자신의 저서인 [중년에 쓰는 한 권의 책]이란 책을 통해 많이 읽어야 한다는 사실에 대해서 아주 잘 설명해 주었다. 먼저 읽어야, 글이 술술 써질 수 있고, 읽어야 문장을 잘 만들 수 있고, 읽어야 뮤즈가 내려오기 때문이라고 그는 말한다.

" 먼저 읽어라. 그래야 술술 써진다. '읽기' 의 연장선상에 '쓰기' 가 있다. 글을 쓰려면 먼저 자료와 문헌을 수집해야 한다. 자료란 데이터 수집, 취재 등을 말한다. 문헌이란 작가들이 기존에 발표한 글을 검토하면서 내가 무엇을 다루고, 또 무엇을 제외시킬지를 구별하는 동시에 작가들의 글에서 활용할 수 있는 자료들을 얻는 것을 말한다."

< 와시다 고야타, [중년에 쓰는 한 권의 책], 113쪽 >

그는 '뮤즈들은 항상 책 속에 숨어 있다. 책을 읽지 않는 사람에게는 절대로 내려오지 않는다.' 라고 말을 했지만, 필자는 여기에 동의하지 않는다. 왜냐하면 예술의 신, 뮤즈라는 것은 이 세상에 존재하지 않는다고 생각하기 때문이다.

그저 좋은 생각, 좋은 아이디어일 뿐, 그리고 당신이 스스로 지금까지 읽었던 많은 책들과 많은 경험들과 많은 생각들이 서로 교차하는 지점에서 당신이 스스로 만들어 내는 사고와 의식일 뿐, 그것이 신이 아니기 때문이다.

분명하게 그리고 확실하게 말하겠다. 예술의 신 뮤즈 같은 것은 이 세상에 존재하지 않는 다. 그것은 책 속에나 나오는 이야기이다. 그러므로 그런 것을 기대하지 마라. 기대하지 말고 멋진 생각, 아이디어, 영감, 사고, 의식을 스스로 만들어내라. 그것이 진정한 작가의 임무이다.

멋진 영감이나 생각이 떠오르는 것은 언제나 경험하는 일이다. 하지만 그것이 예술의 신 뮤즈는 절대 아니다. 그리고 좋은 생각이 가장 많이 떠오르는 순간은 작가는 글을 쓰고 있는 순간이라는 사실을 잊지 말아야 할 것이다.

'스티븐 킹은 예술적 영감의 신 뮤즈가 여러분의 책상에 너울너울 날아들어 타자기나 컴퓨터에 마법의 가루를 뿌려주는 일은 결코 없다고 단언했다. 뮤즈가 찾아오면 오히려 뮤즈가 살 집을 지어주어야 하는 게 우리의 일이며, 거기에 들어가는 노동은 순전히 우리의 몫이라고 했다. " < 정희모, [책쓰기의 전략], 20쪽 >

그의 말처럼 예술의 세계로 들어가는 것은 순전히 우리의 몫이다. 그리고 당신의 몫이다. 그리고 그것은 노동과 흡사 닮아있다. 아무도 그저 해 주지 않기 때문이다. 노동은 힘이 들고 스스로 해야 하는 것이기 때문이다.

예술의 신! 뮤즈는 이 세상에 존재하지 않는다. 그러므로 당신이 스스로 책을 읽으면서, 글을 쓰면서, 세상에 부대끼면서 만들어내야 하는 것이다. 당신이 많이 노력하면 많이 만들 수 있고, 적게 노력하면 적게 만들 수밖에 없다.

하지만 여기에도 고수와 하수의 차이가 엄연히 발생한다. 하수는 아무리 열심히 노력을 해도 하나도 얻지 못하지만, 고수는 한 번 시도하기만 해도 반드시 수확을 가지고 온다. 이것이 고수와 하수의 차이이다.

이런 차이를 가장 쉽게 알 수 있는 예능 프로그램이 있다. 바로 '정글의 법칙'이다. 여기서 고수는 당연히 김병만이다. 그는 다른 부족원이 하루 종일 잡아도 잡지 못하는 물고기를 혼자서 척척 잡아낸다.

하지만 명심하라. 김병만도 처음부터 그렇게 고수였던 것은 아니다. 그도 처음에는 아마추어였다. 하지만 수십 년 전부터 남들보다 더 많은 연습과 단련을 통해서 다양한 분야에서 달인이 되었고, 그렇게 수십 년 동안 축적된 내공과 실력이 저절로 뿜어져 나오는 것임을 알아야 한다.

세상에 공짜는 없다. 세상에 공짜 점심도 없다. 누가 당신에게 공짜로 점심을 사 주겠는가? 반드시 이유가 있고, 목적이 있다. 그러므로 예술의 신! 뮤즈라는 것은 이 세상에 존재하지 않는다. 당신이 스스로 만들어 내야 한다. 치열한 노력을 해야 하고, 노력이 아무리 크다고 해도 당신이 스스로 어느 정도의 수준이 되어 있지 않다면 하나도 얻지 못한다는 사실을 명심하라.

그렇기 때문에 연습과 훈련, 그리고 어느 정도의 시간은 반드시 무엇을 하려고 해도 필요한 것이다.

매일 쓰라. 그리고 많이 쓰라. 그것뿐이다.

더 나은 작가가 되기 위한 길은 한 가지 밖에 없다. 많이 쓰는 것, 그리고 그것도 매일 쓰는 것이다. 대부분의 위대한 작가들이 위대한 작가의 반열에 오를 수 있었던 단 한 가지 비결은 바로 그들은 매일매일 글을 쓰면서, 엄청난 양의 창작활동을 했기 때문이다.

대표적인 작가가 바로 스티븐 킹이다. 그가 얼마나 매일 글을 썼는지에 대해 그가 쓴 《유혹하는 책쓰기》라는 책을 통해서 살펴볼 수 있다.

“ 예전에는 지금보다 빨리 썼다. 이 정도면 아마 존 크리시도 감탄했을 것이다.(그러나 어떤 글에서 보니 크리시의 추리 소설 중에는 겨우 ‘이틀’ 만에 완성된 것도 여럿이라고 한다.) 내 생각엔 담배를 끊어서 속도가 느려진 것 같다. 니코틴은 신경을 예민하게 해준다. 물론 창작을 도와주는 대신에 목숨을 빼앗는다는 게 문제다. 어쨌든 나는 어떤 소설이든—설령 분량이 많더라도 - 한 계절에 해당하는 3개월 이내에 초고를 끝내야 한다고 믿는다. 그보다 오래 걸리면 - 적어도 내 경우에는— 마치 루마니아에서 날아온 공문서처럼, 또는 태양의 흑점 활동이 심할 때 단파 수신기에서 나오는 소리처럼 이야기가 왠지 낯설어진다.

나는 하루에 열 페이지씩 쓰는 것을 좋아한다. 낱말로는 2천 단어쯤 된다. 이렇게 3개월 동안 쓰면 18만 단어가 되는데, 그 정도면 책 한 권 분량으로는 넉넉한 셈이다. 이야기를 재미있게 쓰고 신선함을 유지하기만 한다면 독자들도 즐거운 마음으로 몰두할 수 있을 것이다. 어떤 날은 그 열 페이지가 쉽게 나온다. “

(스티븐 킹, 《유혹하는 책쓰기》, 김영사, p.187)

그는 한창때는 일주일 만에 책을 한 권씩 쓸 정도로 엄청난 양의 작업을 했던 사람이었음을 그의 말을 통해 알 수 있다. 그리고 예전에 인터뷰 기자들에게 크리스마스와 독립기념일과 자신의 생일만 빼고 날마다 글을 쓴다고 말할 정도로 엄청난 연습과 노력과 훈련을 했던 사람이라는 사실을 간과해서는 안 된다.

글을 써서 작가가 되는 유일한 길은 무조건 글을 써야 한다는 것이다. 그리고 더 나은 작가가 되는 유일한 길은 매일, 매일 무조건 글을 써야 한다는 것이다.

나는 이 사실을 확신하고 있고, 작가의 생활 수칙으로 삼고 있다. 그러므로 명심하라. 더 나은 작가가 되기 위한 최고의 방법은 날마다 최소한 원고지 10매 이상의 글을 써 내려가야 한다는 것이다.

그런 점에서 필자가 제시하는 더 나은 작가가 되는 법은 '다작'이다. 남들보다 많이 쓰면 그만큼 더 나은 작품이 나오게 되어 있다. 나는 이 사실을 믿는다.

글을 직접 써보지 않고서는 글솜씨가 늘 수 없다. 또한 마찬가지로 글을 많이 써보지 않고서는 더 나은 작가가 될 수 없다. 책쓰기 책을 많이 읽는다고 책쓰기를 잘하는 더 나은 작가가 되는 것은 절대 아니다.

그런 점에서 아마도 세계 최고의 베스트셀러 작가인 스티븐 킹은 책쓰기 책은 대개 헛소리로 가득 차 있다고 말을 한 것이라고 생각한다. 글을 잘 쓰기 위해서는 책쓰기 책을 열 시간 보는 것보다 글을 직접 열 시간 써 보는 것이 백 배 더 낫기 때문일 것이다.

형식과 틀에 얽매이지 마라.

"'나는 개를 본다'라는 문장이 있다. 여기서 '나'는 우주의 중심이다. 이러한 문장 구소 속에 살고 있는 우리는, 내가 개를 보고 있는 동안 개도 나를 보고 있다는 사실을 잊어버린다. 우리의 사고방식은 문장 구조에 맞추어져 있고 사물을 보는 관점도 그 안에서 제한된다. 우리가 이 세상을 바라보고 살아가는 방식이 '주어-동사-목적어'의 틀에 짜 맞추어져 있다는 뜻이다. 이런 문장론에서 벗어날 때 우리는 새로운 시각을 얻을 수 있고, 신선한 세상과 만날 수 있으며, 책쓰기에 색다른 에너지를 불어넣을 수 있다." < 나탈리 골드버그, [뼛속까지 내려가서 써라], 114쪽 >

전 세계 독자들을 사로잡은 혁명적인 책쓰기 방법론을 제시한 나탈리 골드버그의 이 말에서 필자는 고개를 흔들었다. 그것도 심하게 말이다.

새로운 시각을 얻을 수 있고, 신선한 세상을 만날 수 있고, 책쓰기에 색다른 에너지를 불어넣을 수 있기 위해서는 정해진 틀과 형식, 문장 구조에서 벗어나 마음껏 사유할 수 있어야 한다.

인간은 가장 창조적일 때가 가장 자연스러울 때이다. 어떤 형식이나 틀에 얽매이게 되면 그 순간부터 당신의 창조성은 억압받게 되고 빛을 보지 못하게 된다는 사실을 명심하라.

당신을 가장 자유롭게 할 필요가 있다. 특히 작가라면 말이다. 그래서 작가들은 이 세상에서 가장 자유로운 존재들이다. 하지만 그럼에도 불구하고 한 가지에 너무 얽매이는 경향이 있는 데, 그것이 바로 형식과 틀, 특히 문장의 구조, 문법, 맞춤법이라는 것들이다.

이 세상에는 반드시 그렇게 해야 할 일은 절대로 없다. 형식과 틀은 스스로 만들었다. 사회가 만들었고, 공동체가 만들었다. 하지만 그러한 형식과 틀이 파괴되어도 되는 것이라면 충분히 파괴를 해야 할 필요가 있다.

왜냐하면 파괴를 통해 새로운 것들이 창조되기 때문이다. 전통적인 학과를 고집하는 경우 융합학과가 탄생할 수 없다. 지금 이 시대는 지식과 정보화 시대가 아니라 감성과 창조의 시대이다.

바로 그런 이유 때문에 애플의 스티브 잡스가 위대한 혁신가가 될 수 있었고, 그의 아이폰이 인류에게 스마트폰 시대를 열어 준 혁신 제품이 될 수 있었던 것이다. 아이폰이 출시 되기 전에 이미 아이폰보다 더 고성능, 고기능의 스마트폰들이 출시되어 판매되고 있었지만 그 폰들은 인간의 감성을 자극하지 못했다.

아이폰이 인류에게 스마트폰 시대를 열어준 혁신 제품이라는 평가를 받는 이유가 여기에 있다. 인류에게 감성을 자극하고, 감성을 터치하는 그런 스마트폰이 되어 주었던 것이다.

스타벅스가 세계적인 기업이 될 수 있었던 것도 인간에게 제3의 공간이라는 새로운 감성과 품격을 선물해 주는 커피숍이었기 때문이다. 결국은 감성이 중요하다는 것이다.

감성지능의 창시자인 다니엘 골먼은 지능지수보다 감성지수가 더 중요한 시대가 오고 있다고 말했다.

형식과 틀에 얽매이지 않아야 하는 이유가 여기에 있다. 스티브 잡스가 기존의 스마트폰 업체들이 지켜 나갔던 보이지 않는 룰을 완전하게 깨고, 기존 업계들이 세워놓은 생태계의 형식과 틀을 과감하게 파괴해 버렸기 때문에 세계 최고의 혁신가가 될 수 있었던 것이다.

형식과 틀에 얽매이지 않을 때 당신은 당신 자신을 가장 정확하게 표현할 수 있고, 가장 잘 표현할 수 있고, 가장 멋지게 표현할 수 있고, 가장 매력적으로 표현할 수 있다. 형식과 틀에 얽매이는 순간 당신은 이 모든 것을 제대로 할 수 없게 된다.

인간이 가장 창조적일 수 있을 때는 우리 두뇌의 모습처럼 자유로워야 한다. 마인드 맵의 창시자가 마인드 맵을 창시할 수 있었던 본질은 그것이 우리 두뇌가 자유롭게 창조적으로 가장 자연스럽게 사고해 나가는 모습이었기 때문일 것이다.

마인드 맵을 보면 알겠지만 정해진 형식이나 틀은 없다. 그래서 무한정으로 확장해 나갈 수 있는 것이며, 새로운 기발하고 독창적인 것들을 창조해 나갈 수 있게 되는 것이다.

그런 점에서 형식과 틀에 얽매이면 스스로 자신의 창조성의 작은 촛불을 꺼 버리는 것과 다름없다. 작가는 창조자여야 하고, 소통자여야 한다. 독자들이 열광할 수 있는 그런 새로운 사실들과 일들을 만들어내야 하고, 그것으로 대화를 하면서 독자들이 스스로 자신들을 자신의 작은 세계에서 벗어날 수 있도록 조력해 줄 수 있어야 한다.

그렇게 하기 위해서는 반드시 창조적이고 혁신적인 사상가가 될 수 있어야 한다. 한 마디로 이 시대의 작가들은 싱크탱크(think tank), 즉 두뇌집단들이어야 한다. 어떤 조직에 소속된 두뇌집단이 아닌 독립적인 두뇌집단이 되어 주어야 한다.

자기 자신만의 독특한 스토리와 콘텐츠를 만들어라.

더 나은 작가가 되는 가장 확고하고 효과적인 방법은 필자의 생각으로는 '콘텐츠'를 만들어 내는 것이다. 그것도 가장 강력한 콘텐츠를 말이다.

이 시대는 보이는 것보다 보이지 않는 것이 중요하다. 그런 점에서 디자인보다 스토리가 더 중요해 지고 있는 시대이다. 디자인은 하나의 제품을 팔 수 있지만, 스토리는 수 백 개의 제품을 팔 수 있다.

미래학자 롤프 옌센은 정보 사회의 태양이 지고, 드림 소사이어티라는 새로운 태양이 뜨고 있다는 것을 예견다. 여기서 드림 소사이어티란 '이야기(스토리)를 기반으로 하여 움직이는 사회'를 말하는 것이다.

세계적인 미래학자 다니엘 핑크도 또한 스토리의 중요성을 강조하고 있다. 논리적이고 분석적인 능력만으로는 더 이상 성공을 보장할 수 없다는 것이다. 스토리가 있어야 한다는 것이다. 성공적인 기업가가 되기 위해서는 회계. 재무 과학에 스토리 기법을 결합 할 수 있어야 하고, 디자인과 마찬가지로 스토리는 개인과 기업이 공급 과잉 시장에서 자신의 상품과 서비스를 차별화하는 중요한 수단으로 부상하고 있다는 것이다.

디자인의 중요성은 이제 누구나 알고 있다. 하지만 스토리의 중요성은 아직도 많은 사람들이 잘 모르고 있다. 특히 그것이 비즈니스에 얼마나 중요한 요소인지는 말이다. 하지만 디자인보다 더 중요한 것은 보이지 않는 스토리라고 필자는 생각한다.

이 시대는 스토리로 움직이는 시대가 점점 더 되어 가고 있다는 것이 필자의 생각이다. 특히 이 시대는 영웅이나 천재의 스토리가 아닌 당신의 스토리를 간절하게 원한다고 생각한다. 새로운 시대가 왜 그토록 당신의 스토리를 간절히 원할까?

새로운 시대의 사람들은 저마다 자신의 이야기를 잃어버렸기 때문이다.

이 시대만큼 자신의 삶과 자신의 이야기를 잃어버렸던 인류였던 시대는 인류 역사상 없었다. 그래서 대리만족을 하기 위해 타인의 스토리를 간절하게 원하는 시대가 되었던 것이다.

이것이 인문학 열풍이 다시 부는 진정한 이유이기도 하다. 스토리는 과거에도 인류를 움직였고 인류를 대변했다. 하지만 지금은 그 어떤 시대보다도 더 스토리가 강력해졌다. 그 이유는 현대인들이 너무 바빠졌고, 너무 풍요로워졌기 때문이다.

과거에는 한국만 해도 60년대와 70년대를 살았던 우리의 아버지 어머니 세대에는 비록 먹을 것이 없었고, 가난해서 전부 다 고생했지만, 자신의 삶이 있었고, 자신의 이야기가 있었다. 그래서 인문학이 따로 필요가 없었다. 자기 자신의 삶이 하나의 스토리고 하나의 작은 인문학이었기 때문이다.

하지만 지금은 풍요로워졌지만, 한 가지 잃어버린 것이 있다. 바로 자기 자신의 삶과 자신의 이야기이다. 그래서 자신이 잃어버린 것을 되찾고 싶은 마음이 인문학 열풍으로 이어지게 되었던 것이다.

풍요롭게 살기 위해 앞만 보고 달려가다가 우리는 풍요로운 시대를 만들어 냈지만, 정작 자기 자신의 삶과 이야기를 잃어버리게 되는 그런 아이러니에 빠지게 되었던 것이다. 그 결과 풍요로운 시대에는 생존에 필요한 것보다 삶의 의미와 가치, 목적을 다시 찾게 되는 현상이 자연스럽게 되어 버렸다. 풍요는 우리의 마음까지 풍요롭게 해 주지 않기 때문이다.

스토리 안에 그러한 것들이 담겨 있다고 인간은 본능적으로 알고 있는 것이지요.

" 스토리는 인간의 감성과 삶의 목적과 자기 자신의 이해에 목말라 있는 현대인들이 잃어 버렸던 그러한 것들을 되찾을 수 있도록 해 주는 가장 강력한 도구이다."

스토리는 콘텐츠의 주요한 구성 요소이다. 강력한 스토리가 받쳐주는 콘텐츠는 그 나름대로 굉장한 힘을 가지게 된다.

당신이 더 나은 작가가 되고 싶다면 반드시 당신만의 스토리와 콘텐츠로 무장해야 하는 이유가 바로 이것이다.

창조적이고 미래 지향적인 작가가 되라.

더 나은 작가가 되기 위해서는 반드시 창조적이고 미래 지향적인 작가가 되어야 한다. 창조적인 작가가 되기 위해서 가장 중요한 것은 이 세상의 모든 것을 받아들여야 한다는 것이다.

당신의 느낌, 생각, 견해, 경험, 의식, 관조뿐만 아니라 타인의 것들, 세상의 것들을 모두 받아들이고 허용하고 포용할 줄 알아야 한다.

'창조적인 책쓰기의 정수는 허용하는 것이다. 밀어붙이고, 쥐어짜고, 윽박지르고, 아등바등하면서 글을 쓰는 게 아니라, 아이디어가 파도처럼 밀려오고 밀려가며 종

이 위에 저절로 낱말로 펼쳐지도록 허용하는 것, 그것이 바로 창조적인 책쓰기의 정수이다.'

< 로버타 진 브라이언트, [누구나 글을 잘 쓸 수 있다], 189쪽 >

창조적인 상태에 빠져들게 되면 '몰입'의 극치를 경험하게 된다. 그런 점에서 창조는 바로 몰입이다.

자기 자신과 이 우주와 하나가 되고, 이 우주의 모든 것을 다 허용하고 받아들이게 되는 바로 그 순간이 '몰입 상태'인 것이다.

몰입 상태에 빠지게 되면, 가장 먼저 나타나는 현상이 시간 가는 줄을 모르게 된다. 그리고 자의식이 사라지게 되고, 자기 자신이 지금 무엇을 하고 있는 지에 대한 의식이 사라지게 된다. 한 마디로 '무아지경'의 상태가 되는 것이다.

그렇게 강한 몰입 상태를 경험하고 나서 느끼는 것은 희열, 만족, 충만감이다. 다시 말해 몰입 상태와 같은 창조적인 작업을 한 이후에 예술가들이 기쁨과 즐거움에 열광하게 되는 것이 바로 이런 이유 때문이다.

[몰입의 즐거움]이란 책의 저자이자 몰입의 세계적 권위자인 미하이 칙센트미하이는 위대한 성과를 창출한 노

벨상 수상자들을 연구한 결과 그들은 일을 힘들게 어렵게 한 것이 아니라 마치 놀이처럼 즐겁게 신나게 했다는 사실을 발견했다.

그리고 그것이 가능한 이유는 바로 '몰입'의 비밀 때문이었다. 몰입할 때 창조적이 되는 것뿐만 아니라 진짜 행복한 순간을 경험하게 되기 때문이다. 노벨상 수상자들은 하나같이 일을 한 적이 없다는 것이다. 그저 즐기고 놀았다고 말한다.

" 노벨상 수상자를 비롯하여 다양한 분야에서 활동하는 창조적인 지도급 인사들과 내가 백여 차례 가까이 만나면서 가장 흔히 들을 수 있었던 비유는 가령 이런 것이다. ' 내가 일평생 단 일 분도 쉬지 않고 일했다는 말도 옳고, 내가 단 하루도 일이라는 생각을 가지고 일한 적이 없다는 말도 옳다.' 역사가 존 호프 프랭클린은 일과 여가가 하나로 녹아든 상태를 이렇게 표현한다. '내가 기다리던 금요일이 왔구나' 라는 표현을 즐겨 쓰는 것은 금요일이 되면 이틀 동안 방해받지 않고 꼬박 일을 할 수 있기 때문이다." < 미하이 칙센트미하이, [몰입의 즐거움], 82쪽 >

그는 몰입의 권위자답게 몰입 상태에 대해서 다음과 같이 적확한 설명을 같은 책에서 해 주었다.

" 예외적으로 나타나는 이 순간을 나는 '몰입(몰입) 경험' 이라고 부르고 싶다. '몰입' 은 삶이 고조되는 순간에 물 흐르듯 행동이 자연스럽게 이루어지는 느낌을 표현하는 말이다. 그것은 운동선수가 말하는 '몰아 일체의 상태' , 신비주의자가 말하는 '무아경' , 화가와 음악가가 말하는 미적 황홀경에 다름 아니다. 운동선수, 신비주의자, 예술가는 각각 다른 활동을 하면서 몰입 상태에 도달하지만, 그들이 그 순간의 경험을 묘사하는 방식은 놀라우리만큼 비슷하다."

< 미하이 칙센트미하이, [몰입의 즐거움], 45쪽 >

더 나은 작가가 되기 위해서는 반드시 창조적 몰입의 상태를 자주 경험하는 것이 필요하다. 그것이 최고의 상태로 자신이 어떤 활동을 하고 있다는 것을 의미하기 때문이다.

인간이 가장 창조적일 때는 외부의 그 어떤 보상이나 대가가 아니라 일 자체에 완전하게 빠졌을 때이다. 그리고 그러한 상태는 순수한 관심과 즐거움, 도전 의식과 만족으로 동기화되었을 때만이 가능하다.

더 나은 작가가 되기 위해서 미래 지향적인 의식을 가진 작가가 되어야 한다는 것도 우리는 모두 명심해야 할 것 같다.

작가는 어쨌든 현재보다 약간은 앞서 걸어 나가는 사람이어야 하기 때문이다. 물론 이 다가오는 시대는 작가와 독자의 경계가 허물어지는 시대가 될 것이라고 예측한다. 하지만 그 시대에도 좀 더 나은 작품을 쓰는 뛰어난 작가가 되는 방법의 하나는 미래지향적인 작가가 되는 것이다.

끊임없이 공부해야 더 나은 결과물을 기대할 수 있다.

작가란 반드시 이 세상이 원하는 것을 내놓을 줄 알아야 한다. 최소한 더 나은 작가란 모름지기 세상에 가치 있는 것을 만들어 내놓을 줄 알아야 한다. 그렇게 하기 위해서는 끊임없이 공부해야 한다.

공부란 좋은 대학교에 입학하기 위해서만 필요한 것이 아니다. 오히려 대학교를 졸업한 이후에 가장 필요한 것이 바로 스스로 하는 공부이다. 모든 사람이 평생 살면서 공부를 하는 사람과 공부와 완전하게 담을 쌓고 사는 사람의 차이는 생각보다 훨씬 크다.

공부와 전혀 상관이 없을 것 같은 일반 직장인들조차도 직장을 다니면서 공부한 양에 따라 연봉이 크게 차이가 난다.

직장을 다니면서 동료들보다 2배 이상 많은 시간을 공부한 사람들은 5년이나 10년 후에 보면 연봉이 3배 이상 많아진다고 한다. [연봉 높은 사람들은 20대부터 무엇을 했나?] 라는 책에 보면 이런 이야기가 자세하게 소개되어 나온다. 연봉이 각각 2억인 사람과 7,000만 원인 입사 동기들의 삶의 모습과 내용을 비교 분석해서 조사를 했다.

한 마디로 연봉이 2억인 입사 동기와 7천만 원인 입사 동기의 차이를 가른 것은 공부량이라는 것이다. 즉 연봉이 높은 사람들은 20대부터 공부를 했다는 것이다. 그것도 남들보다 2배 정도 많이 말이다.

이렇게 일반인들조차 공부한 양은 그 사람의 성공을 결정짓는 중요한 요소가 된다. 그렇다면 작가는 어떨까?

작가는 일반인들보다 더 많이 의식이 깨어 있어야 하는 사람들이다. 그렇게 하기 위해서는 공부를 절대로 하지 않으면 안 되는 그런 사람들이기도 하다.

그런데 한국 사회를 보면, 정말 아무것도 공부하지 않으면서 그저 인기에 연연하고, 시류에 편승하는 그런 빈껍

데기와 같은 작가들이 없다고 할 수는 없다.

그저 문장을 아름답게 꾸미고, 독자들의 마음을 사로잡아서 큰 인기를 얻고자 하는 그런 작가들은 결국 쉽게 독자들의 마음에서 사라지게 될 것이다.

하지만 지독한 공부를 통해 그 결과물이 책으로 나오게 된 경우는 오랜 시간이 흘러도 독자들의 마음에서 사라지지 않을 뿐만 아니라 그 자체로도 큰 성공이라고 할 수 있다.

공부한 것은 절대 배신을 하지 않기 때문이다. 끊임없이 공부하는 작가는 갈수록 더 좋은 작품들을 쏟아낼 수 있다. 하지만 공부를 게을리하는 작가는 갈수록 작품들이 나빠질 수밖에 없다.

독자들의 수준은 갈수록 향상되기 때문이다. 독자들의 공부를 뛰어넘는 공부를 해야 하는 것이 바로 작가들이다.

양이 질을 낳고, 양이 재능을 이긴다.

필자가 가장 좋아하는 말이 바로 이 말이다.

‘양이 질을 낳는다.’

필자는 이 말에 큰 용기와 감동받은 바 있다. 그리고 대부분의 위대한 거장들을 보면 전부 공통점을 가지고 있다는 것을 발견했다. 그들이 가지고 있는 공통점은 한 가지다.

엄청난 다작을 한다는 것이다. 결국 양이 질을 낳은 것이라고 필자는 생각한다. 아니 확신한다.

피카소가 거장이 될 수 있었던 이유는 그가 하루에 한 장의 그림을 쏟아낼 정도로 다작을 했기 때문이라고 나는 확신한다. 모차르트가 음악의 신동이라고 불리게 된 것도 역시 그가 어렸을 때부터 엄청난 훈련과 연습을 하고, 수많은 곡들을 처음에는 많이 창작을 해 보고, 심한 경우에는 표절 시비에 걸릴 만큼 비슷하게 표절한 곡들도 있을 정도로 많은 곡을 지었기 때문이라고 생각한다.

프로이트도 역시 이와 다르지 않다. 그가 쓴 논문이 650여 편의 논문이라는 사실을 아는가? 또 모차르트는 600 편 이상의 작품을 창작했음을 아는가? 피카소는 20,000 점이 넘는 그림을 그렸다. 렘브란트는 6백 50장의 그림을 그렸다.

새무얼 스마일즈의 [자조론]에 보면 위대한 예술가들은 모두 남다른 노력의 대가들이라는 사실에 대해 다음과 같이 말하고 있음을 알 수 있다.

> “ 다른 분야와 마찬가지로 예술계에서도 분골쇄신의 노력이 없이는 성공할 수 없다. 명화나 빼어난 조각상은 결코 우연히 만들어지는 것이 아니다. 물론 천재성도 있어야겠지만 미술가가 능숙한 솜씨로 붓이나 조각칼을 쉴 새 없이 움직여야만 만들어지는 노력의 산물이다.
>
> 그림이든 다른 예술이든 남보다 뛰어난 작품을 만

들겠다고 결심한 사람은 아침에 일어나서 저녁에 잠자리에 들 때까지 온 정신을 한 가지 대상에 집중해야 한다. 두각을 나타내기로 결심한 사람은 좋든 싫든 아침이나 낮이나 밤이나 가릴 것 없이 작업에 매달려야 한다. “ < 새무얼 스마일즈, [자조론], 225~226쪽 >

한 마디로 노력한 양만큼 위대한 질이 탄생하고, 도전한 양만큼 성공이 많아지고, 창작한 양만큼 걸작의 수가 많아진다는 것이다.

‘양이 질을 낳고 양이 재능을 이긴다.’

이 한마디는 작가라면 꼭 명심해야 할 것이다. 모든 예술가라면 또한 명심해 두어야 할 말일 것이다.

양이 결국 질을 낳고, 양이 재능을 이긴다는 사실을 잘 말해주는 사례를 필자는 [예술가여 무엇이 두려운가?]라는 책을 통해 발견하게 되었다.

“ 수업 첫날 도예 선생님은 학급을 두 그룹으로 나누어서, 작업실의 왼쪽에 모인 조는 작품의 양만을 가지고 평가하고, 오른편 조는 질로 평가할 것이라고 말씀하셨다.

평가 방법은 간단했다. 수업 마지막 날 저울을 가지고 와서 "양 평가" 집단의 작품 무게를 재어, 그 무게가 20킬로그램 나가면 "A"를 주고, 15킬로그램에는 "B"를 주는 식이다. 반면 "질 평가" 집단의 학생들은 "A"를 받을 수 있는 완벽한 하나의 작품만을 제출해야만 했다.

자, 평가 시간이 되었다. 그런데 이상한 일이 생겼다. 가장 훌륭한 작품들은 모두 양으로 평가 받은 집단에서 나왔다는 사실이다. "양" 집단이 부지런히 작품들을 쌓아나가면서, 실수로부터 배워나가는 동안, "질" 집단은 가만히 앉아 어떻게 하면 완벽한 작품을 만들까하는 궁리만 하다가 종국에는 방대한 이론들과 점토 더미 말고는 내보일 게 아무 것도 없게 되고 만 것이다. " <출처: 데이비드 베일즈, [예술가여, 무엇이 두려운가!(Art and Fear)], 루비박스, 51~52 쪽 >

이 대목을 읽고 나서 필자는 양이 질을 낳는 다는 것에 대한 확신을 가지게 되었고, 더 나은 작가가 되기 위한 가장 좋은 비결은 매일 글을 남들보다 많이 쓰는 것이라는 사실을 발견하게 되었다.

필자에게는 이 책이 최고의 스승이었던 것이다.

이 책과 함께 필자에게 큰 영감을 준 책이 바로 세스 고딘의 [린치핀]이다.

" 어떤 일을 마무리했다고 그것이 곧 걸작이 되는 건 아니다. 나는 책을 100권 이상 만들어냈다. 물론 모든 책이 잘 나가지는 않았다. 하지만 그 책들을 쓰지 않았다면, 나는 이 책을 쓸 기회를 갖지 못 했을 것이다. 피카소는 1000점 이상의 그림을 그렸다. 그렇기 때문에 사람들은 피카소의 그림을 3개 이상 알고 있는 것이다."

< 출처: 세스 고딘, [린치핀], 152 쪽 >

세계적인 작가인 세스 고딘이 만약에 처음부터 최고의 걸작을 한 권만 출간하기 위해 십 년 이상 고민하고 연구했다면 한 가지 사실은 분명할 것이다. 우리는 절대로 [린치핀]과 같은 책을 만날 수 없었을 것이라는 사실이다.

그가 100권이 넘는 책들을 쓰고 또 썼기 때문에 결국 위대한 책도 쓸 수 있게 되었다는 사실만은 명심하다.

그대들이여! 무엇이 두려운가? 무수히 많은 실패를 한다해도 그 실패들은 모두 눈부신 성공을 위해 꼭 필요한 디딤돌이 되고, 기초가 되어 줄 것이라는 사실을 명심하자.

'양이 재능을 이긴다.' 는 생각과 의식에 눈뜨지 않았다면, 그래서 그런 생각과 의식을 필자가 가지지 않았다면 처음부터 시작도 하지 못했을 것이다. 그리고 그렇게 했더라면 지금 필자는 단 한 권의 책도 출간하지 못한 백수로 살고 있었을 것이다.

그런 점에서 이 문장은 나에게 매우 고마운 혁신적인 생각과 의식임에 틀림없다.

뜨거운 심장으로, 온 몸으로 글을 쓰라.

" 할 말이 없을 때는 침묵하라.
진정한 열정이 솟아오르거든 할 말을 모두 하라.
정열적으로 말하라. "

영국의 소설가이자 시인이었던 D.H.로런스가 한 이 말처럼 할 말이 없을 때는 침묵해야 하고, 할 말이 있을 때는 정열적으로 말하는 것이 더 나은 작가가 되기 위해서 필요한 것 중에 하나라고 필자는 생각한다.

뜨거운 심장 전체로 글을 쓸 때만이 독자들은 글을 읽으면서 전율을 하게 될 것이기 때문이다. 그 어떤 법칙이나 방법도 필자의 생각에는 다 무용지물이다. 가장 중요한 것은 작가가 얼마나 심장 전체로 글을 쓰느냐 하는 것이다.

윌리엄 서머싯 몸은 이런 재미있는 말을 한 적이 있다.

" 소설을 쓰는 데는 세 가지 법칙이 있는데,
안타깝게도 그게 뭔지 아무도 모른다. "

필자는 작가 지망생들에게 심장 전체로 글을 쓰는 것보다 더 한 발 나가서 '온 몸으로' 글을 쓰라고 조언해주고 싶다.

온몸으로 글을 쓴다는 것은 어떤 것일까?

머리로만 글을 쓰는 사람은 자신의 감정, 말하고자 하는 내용을 말하고 설명한다. 하지만 온몸으로 글을 쓰는 사람은 그러한 것들을 말하고 설명하는 차원을 넘어선다. 온몸으로 그러한 것들을 보여주고 느끼게 해 주고 직접 부딪히게 해 준다.

이것이 바로 온몸으로 글을 쓰는 것이다.

독자들을 지루하게 해서는 안 된다. 특히 독자들은 무미건조한 것을 싫어한다. 아무리 좋은 내용이 있다고 해도, 그리고 아무리 유용한 지식이 많이 들어있다고 해도 백과사전과 같은 종류의 책에 열광하는 사람들은 단 한 명도 없는 이유가 바로 여기에 있다.

더 나은 작가가 되고 싶다면, 독자들을 열광시킬 줄 알아야 한다. 독자들을 열광시키기 위해서는 먼저 작가가 열광해야 한다. 작가가 열광할 때 독자들도 열광하게 되는 것이다.

그런 점에서 글을 쓰는 것을 즐기고 신나게 글을 쓸 때 그런 책을 읽는 독자들도 역시 신나고 즐겁다는 사실은 의미하는 바가 매우 클 것이다.

현대 저널리즘의 창시자이자 '언론계의 노벨상' 이라고도 불리는 퓰리처상을 만든 조지프 퓰리처는 다음과 같은 말을 했다.

" 무엇을 쓰든 짧게 쓰라. 그러면 읽힐 것이다.
명료하게 쓰라. 그러면 이해될 것이다.
그림같이 쓰라. 그러면 기억 속에 머물 것이다. "

독자들의 마음속에 오래 기억되고 남게 하는 방법은 그림같이 쓰는 것이라고 그는 말해 준다. 온몸으로 글을 쓰는 이유는 한 마디로 그림같이 글을 쓸 때 독자들의 기억속에 오래 남게 되기 때문인지도 모른다.

최소한 필자는 그의 말에 동의한다.

” 짧게 쓰고, 명료하게 쓰고, 무엇보다 그림같이 쓰라 “

이것이 더 나은 작가가 되기 위해 글을 쓸 때 지켜야 할 사항들이라고 필자는 생각한다.

" 더 나은 글을 쓰는 첫 번째 방법은 생각하는 것이 아니라 무조건 쓰는 것이다.

더 나은 글을 쓰는 두 번째 방법은 기다리는 것이 아니라 지금 당장 쓰는 것이다.

더 나은 글을 쓰는 세 번째 방법은 멈추지 않고 주저하지 않고 계속 쓰는 것이다.

나는 이것보다 더 나은 세 가지 방법을 알지 못한다. "

필자의 책쓰기 방법론이라면 이것이 전부다. 생가하지

않고 무조건 쓰는 것이고, 기다리지 않고 지금 당장 쓰는 것이고, 멈추지 않고 계속 쓰는 것이다.

작가 지망생들에게 꼭 해 주고 싶은 말이기도 하지만 사실은 필자 자신에게 매일 스스로 다짐하는 말이기도 하다.

작가란 결국 매일 글을 쓰는 사람이다. 작가란 오늘 아침에 글을 쓴 사람이고, 오늘 오후에도 글을 쓴 사람이고, 오늘 저녁에도 글을 쓴 사람일 뿐이다.

더 좋은 작가가 되기 위해서는, 어제보다 더 나은 작가가 되기 위해서는 '무조건 쓰고, 지금 당장 쓰고, 계속 쓰는 것'이다. 이것보다 더 나은 방법이 있다면 내게 알려 달라.

아무리 훌륭한 작가로 혹시라도 태어난 그런 불운(?)한 작가가 있다고 해도 이 세 가지 방법에서 멀어지게 되면 서서히 그는 평범한 작가로 전락하게 되는 것은 시간문제일 것이다. 뿐만 아니라 평범한 작가는 이내 곧 글 한 줄 쓰지 못하는 그런 사람으로 전락하게 되는 것도 불을 보듯 뻔한 일일 것이다.

결국 훌륭한 작가는 태어나는 것이 아니라 날마다 끊임없는 노력을 통해서 스스로 만들어나가야 하는 것이다.

그리고 그 노력은 결국 책쓰기에 대한 노력이어야 하고, 그 외에는 그 어떤 노력도 필요하지 않다는 것을 명심해야 한다.

훌륭한 작가가 되기 위해 화려한 학벌이 필요한 것은 절대 아니다. 또한 훌륭한 작가가 되기 위해 많은 지식이나 기술이 필요한 것도 절대 아니다. 뿐만 아니라 훌륭한 작가가 되기 위해서 넓은 인맥이 필요한 것도 아니다.

훌륭한 작가가 되기 위해 필요한 것은 하루 종일 앉아서 글을 쓸 수 있는 작은 공간일 뿐이다. 여기에 쉽게 그 어떤 책도 찾아서 읽을 수 있는 도서관과 같은 그런 엄청난 책들이 있는 공간이면 최고의 공간일 것이다.

이러한 것들을 개인의 돈으로 갖출 수 있는 사람은 없을 것이다. 그래서 필자는 항상 도서관을 이용하고, 개인 서재를 따로 만들어 놓지 않는 것이다. 개인 서재를 아무리 훌륭하게 잘 만들어 놓는다고 해도 도서관만큼 다양하고 많은 책들을 구입하여 장만할 수 없기 때문이다.

명심하자. 이 책을 통해서 정말 하고 싶은 말은 '책쓰기는 책쓰기를 통해서만 향상시킬 수 있는 기술' 일 뿐이라는 사실이다. 결국 '무조건 쓰고, 지금 당장 쓰고, 멈추지 말고 쓰라' 는 것이다.

초보 작가를 위한 필자의 가장 중요한 조언은 이것이다.

” 책쓰기는 책쓰기를 통해서만 향상할 수 있다. 양이 질을 이긴다는 진리는 책쓰기에도 그대로 적용된다. 그러므로 무조건 쓰고, 지금 당장 쓰고, 멈추지 말고 오늘도 쓰고, 내일도 쓰라. “

그리고 마지막으로 독자들이 꼭 기억했으면 하는 필자의 말은 이것이다.

“ 이 세상에는 두 종류의 작가가 있다.

세상에 어필하는 작가와 어필하지 못하는 작가다. 그 차이가 무엇이겠는가? 바로 남들과 다른 차이를 가지고 있는가이다. 당신에게는 그런 차이점이 있는가? 글만 잘 쓴다고 작가가 될 수 있을 것이라고 생각하는 것은 너무 큰 오산이다. 오히려 글을 못 쓰지만, 작가가 된 사람들이 적지 않다. 그 이유는 바로 남과 다른 차이를 가지고 있기 때문이다.”

그렇다. 더 나은 글을 쓰는 작가가 되는 방법은 글만 잘 쓴다고 되는 것이 아니다. 오히려 글을 못 쓰지만, 훌륭한 작가가 된 사람들이 적지 않다는 사실을 명심해야 한다. 그 비결은 남과 다른 차이를 가지는 것이다. 즉 세상에 하나밖에 없는 리마커블한 대체 불가한 작가가 되는 것이다.

쓰고 또 쓰고 매일 쓰는 것은 작가의 기본이며, 그다음에 해야 할 것은 차이를 만드는 것이다. 그렇게 해야 대체 불가한 작가가 될 수 있다. 필자의 경우에는 대기업을 다니다가, 자발적 퇴사 후 3년 동안 도서관에서 책만 읽어서 1,000일 독서, 3년 1만 권 독서가라는 대체 불가한 이력을 가지고 있었다. 그 후 15년 동안 150권 이상의 책을 출간하고, 1,000명 이상의 일반인을 작가로 배출시켜, 1,000권 이상의 책을 코칭하고 만든 1,000권 책 쓰기 코치라는 대체 불가한 작가가 되었다.

필자가 매일 쓰고 또 쓰고 또 쓰라고 강조한 이유는 바로 이것이다. 인생 최고의 내공은 매일 하는 것, 즉 양에서 나오기 때문이다. 매일 하는 것을 절대 무시하거나 소홀하게 생각해서는 안 된다. 인류 역사상 위대한 대가들은 모두 자신의 업을 매일 한 이들이다. 여기서 예외는 없다.

당신이 정말 작가의 꿈을 꾸고 있는 독자라면, 절대 잊어서는 안 되는 작가가 두 명 있다. 1권에서도 말한 적이 있다. 누구일까?

첫 번째는 바로 15년 동안 무명으로, 출판사의 거절 편지만 받아왔던 세계 최고의 베스트셀러 작가 스티븐 킹이다. 스티븐 킹처럼 15년 동안 거절만 받아도, 계속해서 책을 쓸 용기가 있다면, 이미 당신은 위대한 작가의 반열에 오른 사람이다.

두 번째는 20대에 글을 쓰기 시작해서 20년 동안 인정받지 못했을 뿐만 아니라, 잡동사니 같은 글만 쓴다고 무시당했던 도스토예프스키 이다. 20년 이상 쓰레기 같은 글만 쓴다고 비난 받을 용기가 있다면, 당신은 이미 작가다. 세계적인 대문호가 20년 동안 밥만 먹고, 글만 썼지만, 인정받지 못하고, 성공하지 못했다는 사실은 우리에게 큰 용기와 자극을 준다. 우리는 최소한 10년은 무명으로 도전해도 괜찮지 않은가?

작가가 되는 확실하고 유일한 길에 대한 필자의 조언은 이것이었다.

" 작가가 될 수 있는 가장 확실하고 유일한 길은 '무조건 글을 써야 한다는 것' 이다. 이것을 제외하고 그 어떤 것을 하더라도 당신은 이것을 하지 않으면 작가가 될 수 없다. "

" 진정한 작가란 글을 쓰고 있지 않을 때는 살아있다는 느낌을 느끼지 못하는 것이 작가라고 나는 생각한다."

작가는 모름지기 어떠해야 할까? 필자의 생각을 밝히면

이렇다.

“ 작가는 모름지기 세련된 글이 아닌 자기 자신만의 독특한 거친 숨소리를 책에 남길 수 있어야 한다. 누구나 다 예쁘게 성형 수술을 받아서 성형 미인이 된다면 누가 미스 코리아가 될 것인가? 세련된 것보다 작가는 질박한 자기만의 스타일, 거친 숨소리를 책 속에 담을 수 있는 사람이어야 한다. ”

마지막으로 더 나은 작가가 되기 위해, 명문장의 덫에 빠진 이들을 위한 필자의 조언은 이렇다.

“ 작가는 명문장을 쓰고, 글로 독자들을 사로잡는 문장의 작법가가 아니다. 진짜 작가는 진정한 창조자여야 하고, 자신의 모든 것을 완전하게 통제할 수 있어야 한다. 명문장을 잘 쓴다고 그 사람이 훌륭한 작가가 될 수 있는 것은 절대로 아니다. 그런 사람에게 광고 카피라는 직업을 선택하기를 오히려 나는 추천한다.

‘작가는 명문장가’ 라는 공식이 더 이상 성립하지 않는 다. 이 시대의 작가는 특히 더 그렇다.

‘작가는 창조자 ‘라는 공식이 이제 성립하게 되었다고 생각한다. 그러므로 명문장가가 되려고 노력하지 말고, 그 시간에 발명가가 되려고 노력해야 한다는 것이다.

창조자에게 필요한 것은 정해진 틀과 문장 구조, 명문장이 아니라 자유로운 사색과 넘치는 발상이다. 그런 점에서 쓰레기 같은 수많은 발상과 사색과 사유가 필요한 것이다. 명문장가는 자꾸자꾸 하나의 문장에 집중하는 사람이지만, 창조자는 끝도 없는 수많은 사유 속에 자신을 던져 넣는 사람이다.

진짜 작가는 너무나 큰 풍요로운 세상에서 살아야 한다. 눈에 보이지 않는 사유의 세상이 클수록 그 사람은 훌륭한 창조자가 될 수 있다. 명문장으로만 이루어진 책을 읽은 적이 있는 가? 그런 책일수록 작가는 없고, 내용도 없고, 스토리도 없고, 감동도 없고, 교훈도 없다.

나는 이런 작가를 잘 알고 있다.

문장만 번지르르하고, 화려하고, 세련되어 있고, 탐낼 만하고, 읽힐 만하다. 하지만 독버섯이 그런 것처럼 너무 화려하고 유혹적인 것은 결국 우리의 정신을 해치게 된다.

고전은 질박해야 하고, 작가는 진실해야 한다.

작가는 교언영색을 멀리 해야 한다. 그것이 진정한 창조가의 자격 요건이다. 작가는 외부를 아름답게 하는 사람이 아니라 진솔한 내면을 보여주는 사람이어야 한다."

작가가 된다는 것은 그 자체로 하나의 큰 도전일 뿐만 아니라 당신의 인생을 완전히 뒤바꿔어 놓을 만큼 엄청난 일이다. 그렇기 때문에 인생 최고의 도전이라고 할 수 있다. 그러므로 왜 인생 최고의 도전을 하지 않는가? 독자들이여, 무엇이 두려운가?

" 우리에게 뭔가 시도할 용기가 없다면 삶이 도대체 무슨 의미가 있다는 말인가?"

삶이 의미와 가치가 있게 만드는 것, 그것이 우리가 마땅히 가야 할 인생길이 아닐까? 필자는 최소한 이렇게 생각할 뿐이다.

에필로그 _ 누구나 처음은 아마추어였다.

“ 나는 우리 회사가
예술적 사업을 하고 있다고 생각합니다.

자동차란

엔터테인먼트이자
움직이는 조각품인 동시에
수송수단의 역할을 하기도 합니다.”

_ GM 로버츠 루츠 부회장

누구나 처음에는 형편없는 아마추어였다. 심지어 위대한 대문호들조차도 처음에는 아마추어보다 더 못 한 실력을 가진 작가들도 수도 없이 많았다.

그리고 더 중요한 사실은 자동차를 만드는 GM 조차도 이제는 자동차를 만드는 사업을 예술 사업이라고 표방하기 시작했다는 것이다.

한 마디로 이제는 시대가 바뀌었다.

당신이 어떤 직업에 종사하고 있더라도 당신은 작가가 될 수 있고, 예술가가 될 수 있다는 사실이다.

앨빈 토플러가 1980년에 자신의 저서인 [제3의 물결]에서 프로페셔널과 소비자, 생산자와 소비자의 경계가 허물어지고 있는 시대, 즉 21세기는 프로슈머(prosumer)의 시대가 오고 있다고 말한 적이 있다.

그의 말대로 진정한 프로슈머의 시대가 오고 있다고 저는 생각합니다. 그것이 바로 독자와 작가의 경계가 무너지는 새로운 시대라고 생각한다.

시대가 많이 바뀌었다. 과거에는 글을 읽고 쓸 줄 아는 사람이 소수 특권층에 한정되었지만 어느 순간 아무나 글을 읽고 쓸 줄 아는 시대가 되었다.

하지만 글을 읽고 쓸 줄 아는 시대와 누구나 매일 글을 쓰는 시대는 전혀 다른 것이다.

당신도 작가가 될 수 있는 이유는 바로 이것이다. 필자가 출간할 책인 [호모 스크립투스]란 책에 보면 당신이 반드시 작가가 되어야 할 이유가 분명하게 나온다.

그리고 무엇보다 당신이 이미 작가인 이유가 분명하게 나온다. 당신은 누가 뭐래도 작가이다. 그러므로 당신 자신의 이야기를 세상에 내 놓아야 한다.

당신 자신을 믿고, 자신의 직관을 따라 가면 된다. 건투를 빈다.

명심하라. 그 어떤 천재도 무엇을 배우더라도 초보자로부터 시작해야 한다는 사실을 말이다. 그러므로 용기를 내고 시작하라.

작가는 오직 글을 쓸 뿐이다. 행동하지 않으면 아무것도 달라지지 않는 다. 글을 쓰는 것 말고는 그 어떤 것도 당신을 작가로 만들어주지 않는 다.

" 당신은 죽어도 (당신의) 책은 남는다."

키에르케고르의 이 말처럼 책은 남는다. 그렇기 때문에 당신은 책을 써야 한다. 이 세상에 무엇을 남기고 갈 것인가? 책 한 권 정도는 남겨야 하지 않을까?

대가가 아니어도, 실력이 없어도, 책을 쓰고, 책을 출간하기에는 이미 당신은 충분한 능력을 가졌다.

그러므로 당신은 저마다의 작가가 될 수 있다. 자신을 믿어라. 그리고 의자에 앉아서 글을 쓰라. 그것만이 당신을 작가로 만들어 줄 수 있는 유일한 것이다.

부록 :

대한민국 넘버원 책쓰기학교 [
김병완칼리지 책쓰기 작가 수업 교재]

3년 1만권 독서가 | 15년 150권 출간작가 | 15년
1,000명 작가 배출 책쓰기 코치 | 15년 연속 베스트셀
러 작가의 유일무이한 책쓰기 작가수업

부록 _ 김병완칼리지 책쓰기 작가수업 교재
| 7주 만에 작가되기 |

1주 차 _ 무엇을 쓸 것인가? 주제 선정 수업

책쓰기의 첫 단계는 '무엇을 쓸 것인가' 하는 주제 선정 단계다. 주제선정을 어떻게 하느냐에 따라 당신의 책쓰기가 성공과 실패의 갈림길에서 어느 쪽으로든 갈 수 있다는 사실을 알아야 한다. 혹자는 주제 선정도 제대로 하지 않고, 본문을 무작정 쓰기도 한다. 바로 이렇게 주제 선정 단계를 제대로 거치지 않았기 때문에 이런 작가들은 갈수록 애를 먹게 되고, 책쓰기를 포기하게 되는 것이다. 다시 말해, 주제 선정 단계는 책쓰기에서 가장 중요하다고 할 수 있다. 책쓰기는 무엇을 쓸 것인가와 어떻게 쓸 것인가로 나눌 수 있기 때문이다. 이 중에서 가장 중요한 것은 무엇을 쓸 것인가에 대한 명확한 주제 선정이다. 주제 선정만 제대로 잘 하면, 그 다음부터는 차근 차근 하나씩 써 내려가면 되기 때문이다.

주제 선정을 하지 않거나, 잘 못하고 책쓰기를 하는 사람들은 몇 개월 혹은 몇 년 동안 엄청난 고생을 하게 될지도 모른다. 마치 지도도 없이, 길도 모르면서 무작정 엄청난 밀림 속에 뛰어든 것과 다름없기 때문이다. 뿐만 아니라 책을 쓰고자 하는 이들에게 출판사와 계약을 하느냐 못 하느냐는 가장 중요한 문제일 것이다. 특히 전업작가의 길을 선택한 이들에게는 더더욱 그럴 것이다. 출판사와 계약을 쉽게 잘 하는 방법 중에 하나가 좋은 주제를 선정하는 것이다. 그렇다면 좋은 주제는 무엇일까? 어떤 주제가 좋은 주제일까? 먼저 주제가 너무 평범한 스토리이면 안 된다. 주제가 너무 평범한 내용이면 안 된다는 말이다.

즉 좋은 주제는 차별화된 독특한 내용이어야 한다는 것이다. 좋은 주제는 세 가지가 반드시 있어야 한다. 첫째는 독특함, 둘째는 참신함. 셋째는 호기심을 자극하는 반전이다. 독특하지 않으면, 평범하면 좋은 주제라고 볼 수 없다. 그리고 독특하더라도 참신하지 않으면 안 된다. 이미 누군가가 사용한 주제라면 그렇다. 그리고 가장 중요한 것은 독자들의 호기심을 자극할 수 있는 반전이다.

나만의 주제를 찾는 비법

문제는 이것이다. 바로 주제다. 주제는 적지 않은 것들을 결정한다. 작가의 입문 과정이라고 할 수 있는 출판사와의 계약에 가장 큰 영향을 끼치는 것이 바로 이것이다. 책쓰기에서 가장 중요한 것이 바로 주제 선정이다. 자, 그렇다면 주제 선정은 어떻게 해야 하는 것일까? 먼저 주제의 종류에 대해서 살펴보자. 우리가 쓸 주제는 크게 두 가지로 나눌 수 있다.

첫 번째는 내가 쓰고 싶은 주제이다. 이런 주제는 삶에서 우러나오게 되어 있고, 아주 독창적인 주제가 될 수 있다. 하지만 이런 주제의 가장 큰 단점은 대중들이 흥미를 거의 느낄 수 없게 될 소지도 있다는 것이다. 이런 주제의 가장 큰 장점은 사람에 따라 그 범위가 무궁무진할 수 있다는 것이다. 확장성이 매우 높지만, 덜 매력적일 수 있다. 하지만 가장 강력한 글들이 쏟아져 나올 수 있다는 점에서 강력하게 추천하는 주제이다.

두 번째는 내가 쓸 수 있는 주제다. 이런 주제는 삶이 아니라 세계에서 찾을 수 있다. 남과 다르게 세상을 바라볼 수 있는 눈을 가진 사람은 자신이 쓸 수 있는 주제가 매우 넓다. 하지만 세상과 타인에 대해서 관심이 없는 사람은 어쩌면 쓸 주제가 매우 한정되어 있을 수 있다. 작가의 삶의 경험과 지식과 사색의 깊이와 넓이에 따라 범위가 한정된다. 이것이 가장 큰 단점이다. 당신이 책을 쓸 때 선택해야 하는 주제는 어떤 것일까? 필자의 대답은

바로 이 두 가지 주제를 모두 충족시켜 주는 주제여야 한다는 것

이다. 당신이 쓰고 싶은 주제이면서, 동시에 제대로 잘 써 낼 수 있는 주제여야 한다.

내가 쓰고 싶은 주제이지만, 제대로 잘 써낼 수 없는 주제를 선택한 작가들은 항상 중도 포기하는 경우가 허다하다. 반대로 그렇게 쓰고 싶은 주제는 아니지만, 제대로 잘 써낼 수 있는 주제를 선택한 작가들은 절대로 중도 포기하지 않는다. 한 권의 책을 쓰는 것이 그렇게 힘들거나 어렵거나 스트레스를 받는 일이 아니기 때문이다. 결론은 바로 이것이다. 주제 선정을 어떤 것을 하느냐에 따라 당신의 책쓰기가 성공하느냐 마느냐가 결정된다는 것이다. 주제 선정을 잘못하면 책쓰기를 하는 몇 개월 혹은 몇 년이 지옥이 될 수 있다. 하지만 자신에게 맞는 주제를 잘 선정한 경우에는 책쓰기를 하는 내내 즐겁고 신나는 시간을 만끽하게 된다. 필자가 이런 경험이 적지 않기 때문에 자신 있게 말할 수 있는 것이다. 자,

그럼 실습을 해 보자. 독특하고 참신하고 호기심을 자극하는 반전이 담긴 좋은 주제는 어떤 것이 있을까? 필자의 수강생 중에 한 명이 쓴 책의 주제를 살펴보자. 수강생 중에 한 명은 아내가 임심한 후, 아빠 태교의 중요성에 대한 책을 쓰기로 결정하고 아래와 같은 주제를 선정했다.

'아내가 임심했다. 남편이 태교하라.'

아빠태교가 아이의 미래를 바꾼다고 주장하면서 말이다. 이 책의 수강생은 원고 투고하자마자 바로 출판사와 계약이 되었다. 그 어떤 사람도 쓰지 않았던 아빠태교라는 참신한 주제로, 독특하게 주제를 선정한 것이다. 아주 좋다. 이전의 책들은 기껏해야 아빠가 태교를 도와주고, 지원해주는 성격의 책이었지만, 아빠가 본격적으로 주도하고, 리드하고, 태교를 하는 '아빠태교'는 아주 보기 드문 주제인 것이다. 두 번째 소개할 주제도 매우 독특하고, 참신하고 호기심을 자극하는 반전이 있는 책이다. 이 수강생도 역시 8주 수업 시간에 원고 투고를 해서, 투고하자마자 계약이 되었다. 이 책의 주제는 바로 이것이다.

"남편이 바람피워도 행복할 수 있는 18가지 방법"

남편이 바람피우는 최악의 상황에서도 여성들의 행복은 바로 본인에 게 달려 있고, 어떤 상황에서도 행복할 수 있다는 사실을 강조한 책이다. 세상은 마음대로 되지 않지만, 자신의 마음과 생각은 자신이 선택할 수 있고, 결정할 수 있다. 그래서 이 수강생은 독자들에게 이렇게 이야기한다. "남편이 바람피우나요? 그렇다면 행복해질 일만 남았어요.", "남편이 혹시 바람피우나요? 이제 당신은 더 행복해 질 수 있겠네요."

세 번째 사례는 게임에 관한 주제다. 보통 게임이라고 하면, 자녀들에 게 부정적인 측면을 생각한다. 하지만 수강생 중에 한 명은 게임의 긍정적인 측면을 주제로 삼았다. 그래서 이 책의 제목과 주제는 한 마디로 이것이다.

"당신의 자녀에게 게임을 허許하라."

독특하고 참신하고 호기심을 자극하는 반전이 충분히 있는 주제다. 온라인게임으로 명상의 효과를 얻을 수 있다는 것이 이 책의 핵심 주제다. 물론 이 수강생도 원고 투고를 하자마자 계약이 되었다. 게임으로 명상을 하고, 명상의 효과를 얻을 수 있다는 독특한 주제의 이 책은 당연히 독자들이 많을 수밖에 없다. 지금까지 많은 게임 책들이 게임 중독에서 벗어나기에 대한 주제로 책을 썼다면, 이 책은 완전한 반전과 호기심을 자극하는 책이라고 할 수 있다.

명심하자. 책쓰기를 어떻게 하느냐, 어떻게 쓰느냐는 그 자체로 하나의 기술이며, 학문이며, 길이다. 책쓰기라는 그 길을 통해 천국을 경험할 것인지, 아니면 지옥을 경험할 것인지 아니면 두 개 다 경험할 것인지 혹은 두 개 모두 경험하지 못할 것인지는 오롯이 당신의 책쓰기 기술에 달려 있다. 다시 말해 당신에게 전적으로 달려있다. 구슬이 서 말이라도 꿰어야 보배가 되듯, 당신의 콘텐츠나 스토리가 무엇이든 잘 꿰어야만 보배가 될 수 있고,

책이 될 수 있다. 잘 꿰는 기술이 바로 책쓰기 기술이며, 이것을 연습하고 훈련하는 것이 바로 책쓰기 학교,책쓰기 작가 수업의 주된 목적이다.

2주 차 _ 어떻게 쓸 것인가? 목차 작성 수업

이제 2주차다. 책쓰기의 두 번째 단계는 책의 전체 구상에서 한 단계 더 나가서 구성을 하는 단계다. 건물의 설계도와 같은 역할을 한다. 목차를 잘 작성해 놓으면 책쓰기의 윤곽이 잡히고 자신감도 많이 상승한다. 책을 한 권 혼자의 힘으로 쓴다는 것은 정말 엄청난 일이다. 그것을 해 본 사람들은 안다. 그리고 그것이 얼마나 뿌듯하고 기쁜 일인지도 말이다. 그런데 책쓰기를 잘하기 위해서 필요한 것을 물어보면, 대부분의 사람들이 필력이나 문장력과 콘텐츠라고 답을 한다. 하지만 5년 이상 책쓰기 코치를 해 본 사람으로서, 5년 동안 80여 권의 책을 실제로 출간해서 베스트셀러 작가가 되어 본 사람으로서 본

다면
필력이나 문장력, 심지어 콘텐츠보다도 더 중요한 것이 있었다. 그것은 바로 목차 구성이다.

목차 구성을 잘 하면 작가가 책을 쓸 때 너무나 편하다. 그리고 독자들도 책을 읽기 너무 쉬워진다. 하지만 목차 구성이 엉망이면, 독자들은 읽을수록 애매해진다. 작가 입장에서도 책을 쓰기가 힘들어진다. 쓰면서도 자신도 무슨 이야기를 지금 하고 있는지도 모르게 된다. 진퇴양난을 경험하게 된다.

목차 구성에서 중요한 것은 무엇인가? 첫 번째는 작가 중심에서 독자중심으로 변경해야 한다는 것이다. 두 번째는 논리적이고 이성적인 똑부러지는 목차보다는 감성을 자극하는 인간적인 목차가 더 낫다는 것이다. 세 번째는 단어 선택을 잘 해야 한다는 것이다. 강력한 힘을 가지고 있는 기적의 단어들이 있다. 예를 들면, '새로운', '기적의', '놀라운', '탁월한' 등의 단어들이다. 네 번째, 심리학을 이용해서 인간의 심리를 잘 활용하라는 것이다. 마지막 다섯 번째이면서 가장 중요하고 기본이 되는 사항은 3S다.

간결하게 simple 짧게 short 명확하게 sharp

목차는 간결하고 짧아야 하고, 명확해야 한다. 두루뭉술

한 목차는 절대 안 된다. 그리고 목차의 생명은 가독성이다. 한 눈에 책 내용 전체가 일 수 있게 만들어야 한다. 그렇게 하기 위해서는 목차가 길면 안 된다. 작가도 힘들지만, 독자들이 더 힘들어진다. 목차를 작성하기 위해서 가이드 라인이 있어야 한다면 이런 것이 될 것이다.

첫째. 핵심 주제가 제대로 표현되었는가?
둘째. 재미있고 쉽게 표현되었는가?
셋째. 책의 내용과 맞는 목차 구성인가?
넷째. 표현이 정확하고 간결한가?
다섯째. 복잡하고 장황한 표현은 없는가?
여섯째. 목차들이 너무 길거나 어렵게 표현된 것은 없는가?
일곱째. 맞춤법과 띄어쓰기가 잘 되었는가?
여덟째. 독자의 눈높이에 맞추어 작성하였는가?
아홉째. 일목요연하고 가독성이 좋은가?

이 아홉까지 중에 세 가지를 선택하라고 한다면, 첫 번째인 핵심 주제가 제대로 표현되었는가와 세 번째 책의 내용과 맞는 목차 구성인가와 네 번째 표현이 정확하고 간결한가이다.가장 좋은 목차는 작가의 메시지가 무엇보다 쉽게 독자들에게 이해 될 수 있는 간결하고 일목요연한 목차다. 자 그렇다면 실제로 목차를 작성한 수강생들의 목차들을 살펴보자. 먼저 '당신의 자녀에게 게임을 허하라.' 라는 원고의 목차를 보면, 이 책의 핵심 주제가 제대로 표현되어 있고, 쉽고 재미있게 표현되어 있다는 것을 알 수 있다.

3주 차 _ 누구에게 왜 쓰는가? 서문 작성 수업

이제 3주차다. 서문 작성이다. 서문은 독자들이 가장 먼저 읽는 글이다. 그래서 본문보다 더 중요하다. 첫 인상이 중요하듯, 서문에서 강한 임팩트를 줄 수 있다면 반은 성공한 것이다. 서문은 독자로 하여금 이 책에 빠져들게 만드는 유혹(?)하는 책쓰기여야 한다. 최악의 서문은 독자의 소매를 잡아서 끌지 못하는 글이다. 서문은 반드시 그 글을 읽는 독자들을 놓쳐서는 안 된다. 서문을 본 독자들로 하여금 반드시 본문을 읽지 않으면 안 되게 만드는 것이 서문의 역할이다. 책쓰기란 바로 이래야 한다.

그래서 서문은 단순한 초대장이면 안 된다. 독자들로 하여금 오지 않으면 안 되는 소환장이 되어야 한다. 그렇다면 어떻게 써야 할까? 그래야 독자들이 모두 강제로 소환되는 것일까? 어떻게 하면 독자들이 이 책을 읽을지 말지의 고민에서 벗어나 쉽게 강력하게 읽을 것을 결정하게 만들 수 있을까? 더 이상 어떻게 하면 잘 쓸 수 있을까에 대해서 고민하지 말라. 아주 쉽게 서문을 잘 작성할 수 있는 꿀팁이 있다. 그것은 바로 '멋진 인용구나 명언으로 시작하는 것' 이다. 이렇게 멋진 인용구나 명언으로 시작하면 처음부터 독자로 하여금 몰입하게 만들 수 있다는 가장 큰 장점이 있다. 이 방법은 효과 만점이다. 실제

로 경험해 본 적이 적지 않고, 수많은 수강생들로 하여금 출판사와 계약이 되도록 해주는 일등 공신이다.

필자가 자주 사용하는 멋진 인용구는 동양 고전이다. 특히 사마천의 [사기]에 나오는 문장을 자주 인용한다. 하지만 멋진 인용구로 사용한다 고 해서 모든 것이 끝난 것은 아니다. 반드시 독자를 유혹하고, 심지어 최면을 걸 수 있어야 한다. 그래야 독자들이 소환되는 것이다. 앞에서도 이야기 했지만, 단어라고 해서 다 같은 단어가 아니다. 같은 의미이지만 더 강력한 단어들이 존재한다. 그것을 필자는 마법의 단어라고 부른다. 마법의 단어를 사용하면 독자들을 더 쉽게 유혹할 수 있다.

대표적인 마법의 단어는 이런 것이다. '기적', '새로운', '놀랄만한', '혁명적인', '주목할 만한' '~에 관한 진실' 그리고 마법의 단어를 사용하는 것보다 더 중요한 방법이 있다. 절대로 결론을 뒤로 보내지 말라는 것이다. 처음부터 핵심으로 들어가, 결론부터 이야기를 해야 한다. 서문 쓰기에서 주의해야 할 것은 서론이 너무 길거나 밋밋하면 절대 안 된다는 것이다. 서론이 너무 길면 독자들은 주저하지 않고 책을 던져 버린다. 내용이 너무 단조롭거나 밋밋해도 그렇게 한다. 서문 쓰기에 있어서 정말 조심해야 할 것은 kiss 기법이다. 멍청이도 쉽게 이해할 수 있을 만큼 심플하게 쉽게 작성해야 하는 것이 서문이고 본문이다. 모든 책쓰기의 최고의 지침은 kiss 기법이다. keep it simple, stupid!

책쓰기에서 가장 멍청한 짓은 글을 어렵게 복잡하게 작성하는 것이다. 특히 서문은 더 그렇다. 좋은 서문은 쉬운 글이다. 쉬운 글이 읽히는 글임을 명심하라. 읽히지 않는 책은 책이 아니다. 그러므로 쉽게 쓰도록 노력해야 한다. 자. 그렇다면 서문 샘플 사례를 살펴보자. '당신의 자녀에게 게임을 허許하라'라는 책의 서문이다.

서문 작성 사례 연구

서문: 왜 자녀에게 게임을 허락해야 하는가?

우리를 놀라게 하는 통계가 있다. 자살률 세계1위! 한국의 자살률이 OECD 국가들 중 11년째 굳건한 1위를 지키고 있고, 심지어 한국에서 2007년부터 2011년까지 자살로 생을 마감한 사람들의 수(71916명)가 같은 기간 이라크 전쟁 중에 사망한 군인과 민간인의 수(38625명)에 비해 2배 이상 많으며(3일 보건복지부 발표), 인구 10만 명 당 한국의 자살률(29.1명)이 최근 세계 최악의 경제난으로 나라 자체가 부도 위기라는 그리스의 자살률(4.2명)에 비해서도 약 7배나 더 많다
-오마이뉴스(시민기자), 15.10.12 10:47 조영훈(libero1002)

11년째 자살률 1위를 기록하고 있다. 자살의 연령대를 조사해 보면 청소년 자살은 해마다 증가하고 있다. 또 현재 20~30대 사망 원인 1위는 자살이다. 11년 전의 아이들이 커서 스스로 목숨을 끊었다고 말할 수 있다. 무엇이 우리 아이들을 자살로 몰아가고 있는가? 왜 우리 청소년들의 자살이 증가하고 있는가? 그 자살의 원인은 무엇인가?

청소년 자살 원인
1위- 성적, 진학(39.2%)
2위- 가정불화 (16.9%)

3위- 경제적 어려움(16.7%)
4위- 외로움과 고독(12.5%)
5위- 친구 따돌림(7.1%) -2012년 통계청

자살 생각을 해 본 청소년의 74%는 평상시 스트레스에 많이 시달렸다. -연합뉴스TV 4441(기사문의), yjebo@yna.co.kr

당신의 자녀는 성적, 진학, 가정불화 등으로 스트레스를 받고 있다. 이 스트레스를 극복하지 못해서 자살을 하고 있다. 청소년시절을 무난히 지나갔다 해도 청년이 되어 스트레스를 이기지 못하고 자살하는 사태가 발생한다. 우리가 청소년을 위해서 해야 할 일은 무엇인가? 당신 자신의 자녀를 위해서 무엇을 해줄 것인가? 청소년들이 스트레스에서 벗어날 수 있는 방법을 제시해야 한다. 스트레스가 왜 생기는 지를 알려줘야 한다.

스트레스가 진행되는 모습을 알고 어떻게 하면 스트레스와 맞설 수 있는가를 가르쳐 줘야 한다.

"명상은 마음을 열고, 어떤 것도 받아들일 수 있는 상태에서 자기 자신에 대해 인식하지 않는 경험이며 스트레스에 대한 면역성을 키우는 데 도움이 된다" -카네기멜런 대학교, 데이비드 크레스웰 교수

“가만히 앉아서 내면을 들여다보면 우리의 직관이 깨어나기 시작하고 세상을 좀 더 명료하게 바라보며 현재에 보다 충실하게 됩니다. 또 전보다 훨씬 더 많은 것을 보는 밝은 눈이 생겨납니다.” –스티브 잡스

현대인들이 알다시피 명상은 이미 그 효과를 인정받았다. 최고의 효과는 스트레스에서 벗어난다는 것이다. 또한 마음의 안정을 찾고 무한한 상상력을 발휘하며 위대한 창조력까지 나타낼 수 있다. 기업가라기보다는 정신이 결합된 물질의 혁명가로 생각되는 스티브 잡스의 말에서도 명상을 통해서 혜안이 생긴다는 것을 알 수 있다. 아이들뿐만이 아니라 어른들까지 현대인에게 필요한 스트레스를 줄이는 방법! 그것은 명상이라고 단언할 수 있다. 그러나 아이들에게 가만히 앉아서 한참 동안을 움직이지 않고 명상을 하라고 한다면 과연 당신의 자녀는 할 수 있겠는가? 웬만한 어른들도 힘들어하는 명상을 말이다.

“나는 평생 하루도 일 하지 않았다. 그것은 모두 재미있는 놀이였다. I
never did a day’s work in my life. It was all fun.”
–토마스 A. 에디슨

사실 최고의 발명가 에디슨은 엄청난 실패를 거듭했다. 사람들의 조롱을 받으며 아무도 생각하지 못하는 자신만

의 아이디어를 현실에서 나타내 보였다. 우리가 생각할 때 분명 엄청난 스트레스를 받았으리라. 그러나 에디슨은 말한다. 놀이를 즐겼을 뿐이라고. 우리 아이들에게 놀이의 즐거움을 알게 해 주어야 한다. 놀이는 스트레스를 줄이는 것뿐 아니라 무한한 상상력을 일으키는 원동력이 된다. 그렇다. 놀이와 명상의 결합!

이것이라면 아이들이 충분히 명상을 할 수 있다. 현재 청소년들에게 최고의 놀이는 온라인게임이다. 반면 부모에게는 최고의 문젯거리이기도 하다. 게임으로 명상을 한다면 청소년들은 놀이라서 흥미를 가질 것이다. 부모는 문젯거리를 도구로 삼아 자녀에게 집중력, 자제력, 심리적 안정과 나아가 창조력까지 전달해줄 수 있다. 물론 독서, 음악 감상, 운동, 등의 활동도 권장한다. 그러나 이 책에서 얘기하는 게임 명상을 시켜보기 바란다. 청소년은 나라의 보배다. 자녀는 부모의 희망이다. 우리 아이들이 스트레스를 조금이라도 덜 받길 바란다. 스트레스를 받더라도 잘 이겨내길 바란다. 자살충동에서 조금이라도 멀리 떨어지길 바란다. 자살충동이 생기더라도 잘 절제하길 바란다. 부모님들과 자녀들에게 조금이라도 도움이 되길 바라며 이 글을 쓴다.

또 하나의 서문 작성 샘플 사례를 살펴보자. 이번에는 [남편이 바람피워도 행복하게 살 수 있는 18가지 방법]이란 책의 서문을 보자.

<프롤로그> 당신, 오늘 행복한가요

“대부분의 사람은 마음먹은 만큼 행복하다.” – 에이브러햄 링컨

2014년 패션 매거진 <엘르>에서 42개국 여성들을 대상으로 설문조사를 했다. ‘지금 행복한가?’ 란 질문에 한국 여성은 평균 40%만이 ‘행복하다’ 고 응답하여 39위를 차지했다. 외모 만족도는 37%로 꼴찌를 차지했다.

우리나라 여성들은 왜 행복하지 않을까. 결혼생활에서 가장 큰 위기는 언제일까? 남편이 갑작스레 실직하여 온 가족이 길바닥에 나앉게 되었다면, 누군가 큰 병에 걸렸다면, 살다 보면 생각조차 하기 싫은 고통스러운 순간들이다. 그런데 평범한 여성들에게 가장 견디기 힘든 상황은 남편의 외도일 것이다. 배신감과 분노는 어떠한 표현으로도 쉽게 설명하기 어렵다. 남편의 바람을 알게 된 순간, 당신은 어떤 선택을 할 것인가. 무릎 꿇고 빌 때까지 화를 내며 싸울 것인가, 도저히 용서할 수 없는 남편과 당당히 이혼하고 또 다른 행복을 찾을 것인가. 그런데 문득 ‘아빠같이 되고 싶다’ 는 아이 생각이 난다. 처음이니 눈 딱 감고 한 번만 용서해줄까?

어떤 선택을 하던 우리는 이미 불행하다. 아무 일도 일어나지 않은 행복했던 순간으로 돌아갈 수 없음을 잘 알기 때문이다. 그런데 남편의 외도로 인해 자신까지 불행하게 사는 것은 바보 같은 짓이다. 남편이 무슨 일을 하던 우린 행복하게 살 수 있다. 흔들리는 건 세상이지 우리 마음이 아니기 때문이다. 우리를 힘겹게 하는 상황에 동조하지 않고 그것을 살아내는 것은 우리 선택에 달렸다. 남편이 바람나는 것처럼 온 세상이 송두리째 흔들리는 것 같은 상황은 우리가 더 행복하게 살아야 할 또 하나의 이유가 될 뿐, 당신 불행과는 관련이 없다. 어떠한 상황에서도 우리는 마음먹은 만큼 행복할 수 있다. 인생의 묘미는 태풍이 몰아치는 그 순간, 태풍을 피하지 않고, 오히려 그 안으로 들어가 춤을 추며 그것을 즐기는 데 있다고 한다. 다가오는 고통을 피하기만 한다면 제대로 된 삶을 살아 볼 수 없을 것이다.

진정한 삶의 의미를 놓치고 매번 쉬운 길을 찾는다면 인생이 당신을 위해 준비해 놓은 것을 영원히 만날 수 없다. 매일 우리는 수많은 선택을 한다. 지금 내 모습은 내가 선택한 그대로다. 나는 행복하기로 선택했다. 그러한 선택을 할 수 있도록 도와 준 것이 많은 책들이다. 책을 통해 힘겨운 상황을 극복해나가는 사람들의 이야기를 들었고 내가 정말로 원했던 것을 알게 되었으며 따스한 위로를 받았다.

이 책은 나와 같은 3040 여성들에게 남편이 바람 피는 것처럼 혼자서 어찌할 수 없는 시련 속에서도 흔들리지 않을 수 있는 방법을 알려 주는 예방주사와 같은 책이 될 것이다. 난 여전히 명품가방이 좋고, 멋진 차를 타고 싶고 예쁜 집에서 살고 싶다. 그러나 지금 나는 갖고 싶은 것에 더 이상 집착하지 않는다. 원하는 것을 갖지 못해도 괴롭지 않고, 그것을 가지고 있는 타인을 질투하지도 않는다. 이제 내 인생의 지도를 내가 그릴 수 있게 된 것이다. 내 인생의 주인으로 사는 것이 행복의 시작이 아닐까.

4주 차 _ 문장을 어떻게 쓸 것인가? 문장 강화

문장을 어떻게 쓰면 좋을까? 고민할 필요가 없다. 본문 쓰기를 매일 매일 그날의 일에 대해서 기록하는 일기 쓰기와 같이 별개의 책쓰기라고 생각하면 된다. 어떻게? 이미 목차가 구성되어 있기 때문에 이것이 가능하다. 목차가 5장이고, 각 장 마다 소목차가 5개씩, 총 25개의 소목차로 구성된 책을 쓴다고 하면, 25개의 소 목차를 별개의 독립된 25개의 일기라고 생각하고 쓰면 된다. 25개의 소 목차를 쓸 때도 본문을 여러 개의 독립된 이야기의 단락으로 생각해서 여러 개의 단락을 계속해서 작성하면, 한 권 분량의 본문을 쓸 수 있게 되는 것이다.

본문 쓰기를 할 때 작가 중심의 책쓰기보다는 독자 중심의 책쓰기가 매우 중요하다는 점을 잊지 말자. 작가의 심장을 뛰게 하는 메시지보다는 독자의 가슴을 뛰게 하는 메시지가 더 낫다. 독자의 가슴을 뛰게 하기 위해서 필요한 것은 세 가지로 요약할 수 있다. 첫 번째는 호기심을 자극하는 도입부, 두 번째는 강한 인상을 지속적으로 줄 수 있는 본문 내용. 세 번째는 마음을 사로잡는 글 마무리다. 호기심을 자극하는 도입부를 작성하기 위해서는 내용도 중요하지만, 표현의 방식, 문체의 종류, 문장의 종류 등도 매우 중요한 포인트다.

첫 문장을 가급적으로 간결하게 써야 하고, 내용은 도발적이고 강렬할 수록 독자가 자극을 받게 된다. 또한 첫 문장은 명언이나 질문으로 시작하는 것도 좋은 방법이다. 강한 인상을 지속적으로 주는 본문을 쓰기 위해서는 비유법의 힘을 활용하는 것이 중요하다. 자신의 지식과 경험만으로 본문을 완성한다는 것은 어리석은 짓이다. 타인의 지식과 경험을 가져와야 한다. 심하게 이야기하면 훔쳐야 한다. 현인들의 지식과 경험, 사상과 견해를 훔치는 것은 도둑질이 아니라 우리 자신의 부족한 지식과 경험을 좀 더 완벽하게 보완해 주는 훌륭한 도구이다. 마음을 사로잡는 종결부를 쓰기 위해서는 문장을 입체적으로 작성하는 것이 중요하다. 지루한 반복은 절대로 해서는 안 된다. 강렬한 마무리는 입체적이고 다각적인 문장쓰기와 시각에서 비롯된다.
전쟁을 할 때 육지만을 생각해서는 안 된다. 해상도 있고, 하늘도 있다. 본문 쓰기도 마찬가지다. 입체적인 책쓰기란 예측 가능한 책쓰기, 문장쓰기에서 벗어나 다양한 문체와 다각적인 시각의 글 마무리를 이야기한다. 좋은 본문은 어떤 것일까? 좋은 본문의 기준은 무엇일까? 재미있고 유익해야 하지 않을까? 그리고 여기에 한 가지를 더 추가한다면, 좋은 본문은 늘 독자의 예상을 뛰어넘는 내용이어야 한다는 점이다.

누구나 예측가능하다면 그것은 평범한 본문이다. 하지만 독자가 전혀 예측할 수 없었던 본문 내용이라면, 그것은 비범한 본문이다. 이것이 좋은 본문의 조건이다. 본문 쓰기에서 문장 쓰기를 빼 놓고 이야기해서는 안 된다. 수많은 문장이 모여 본문이 되기 때문이다. 그렇다고 해서 문장만 잘 쓴다고 해서 좋은 책이 되는 것은 아니다.

문장은 약간의 연습과 훈련을 통해서 비슷한 수준의 문장을 쓸 수 있게 되지만, 본문 내용은 약간의 연습과 훈련만으로 절대 비슷해질 수 없다. 그렇기 때문에 좋은 책, 좋은 본문은 문장이 결정하는 것이 아니라 내용이 결정하는 것이다.

문장쓰기에 대해서는 이야기할 것이 많기 때문에 따로

챕터 한 장을 다 사용하여 8장에 담았고, 여기서는 가장 기본적인 몇 가지 문장 쓰기에 대해서만 말하고자 한다.

문장쓰기, 즉 책쓰기의 제1 원칙은 무엇일까? 책쓰기에 있어서 가장 중요한 것은 무엇일까? 화려함, 세련됨. 아름다움 등이 문장에 있어서 가장 기본적이면서도 중요한 요소일까? 아니다. 물론 아름다운 문장이 그렇지 못 한 문장보다 더 좋은 문장이지만, 아름다움보다 더 중요한 문장의 기본 요소가 있다. 그리고 그것은 바로 전달력이다. 문장이란 모름지기 전달력이 부족하면 문장의 원래 기능을 다하지 못하게 되기 때문에 전달의 기능은 문장의 첫 기능이며 본질적인 요소다.

전달력이 좋은 문장이 훌륭한 문장이라고 할 수 있다. 문장쓰기의 제1 원칙으로 전달력을 들어야 하는 이유가 바로 이것이다. 공자도, 아리스토텔레스도, 연암 박지원도 모두 이구동성으로 문장쓰기의 중요한 요소인 전달의 기능에 대해서 언급한 바 있다. 전달력이 좋은 문장을 쓰기 위해서 필요한 문장 쓰기 기술은 어떤 것이 있을까?

첫 번째로는 단어나 표현의 중복을 없애는 것이다. 예를 들면 '사전에 예측하다' 라는 표현보다는 '예측하다' 라고 하는 것이 중복을 없앤 좋은 표현이다. '갑자기 졸도하다' 라는 표현도 마찬가지다. 중복이다.

두 번째로는 피동형태의 표현보다는 능동 형태의 문장을 자주 사용하는 것이다. 예를 들면 '개선시키다' 라는 표현보다는 '개선하다' 가 훨씬 더 전달력이 강하다. 다른 예를 살펴보면 이렇다. '구속시키다' 보다는 '구속하다' 라는 표현이 더 전달력이 강할 뿐만 아니라 우리말 바로쓰기에도 부합한다.

세 번째로는 일본식 말투, 영어식 말투, 번역 투의 말투는 피해야 한다. 예를 들면, '10년 동안 연구를 행한 끝에 큰 성과를 보았다' 라는 표현보다는 '10년 동안 연구한 끝에 큰 성과를 보았다' 라는 문장이 더 좋은 것이다.

네 번째로는 쉬운 표현을 자주 사용하라는 것이다. 어려운 표현은 작가와 독자 모두를 힘들게 한다. 예를 들면, '축적하다' 라는 표현대신 '모으다' 라는 표현은 어떨까? '통지하다' 라는 표현대신 '알리다' 라는 표현은 훨씬 더 쉽고 명확한 표현이다. '증진하다' 라는 표현과 '늘리다' 라는 두 가지 표현 중에 어떤 표현이 더 명확하고 쉬운 표현일까? 선택은 독자의 몫이다. 더 자세하고 많은 문장 쓰기에 대한 이야기는 8장에서 본격적으로 하겠다.

한 가지 명심해야 하는 것은 이론적으로 배워서 가능한 것이 책쓰기가 아니다. 책쓰기는 반드시 자신이 직접 배우고 익혀야 한다. 실습이 더 중요한 것이 책쓰기이며, 실제로 하지 않고, 이론적으로 이해하고 암기한다고 해서 책쓰기 실력이 증가하는 것은 절대 아니다. 바로 이런 점에서 실제로 책을 한 권 출간해 본 사람은 달라도 어딘가 다르기 마련이다.

첫 문장을 쉽게 쓰는 3가지 방법

책쓰기에 있어서 초보자들이 가장 힘들어 하는 것 중에 하나가 첫 문장을 시작하는 것이다. 첫 문장을 쓰지 못해서 몇 시간씩 낭비하고 급기야는 책쓰기를 그 날은 포기하는 경우가 적지 않다. 하지만 첫 문장을 쉽게 시작하는 방법이 있다.

첫 번째는 질문으로 시작하는 것이다. 질문을 해 보면 놀랍게도 그것에 답하기 위해서 글을 쓰다보면 책쓰기가 술술 풀리게 되는 경우가 많다. 그래서 첫 문장이 매우 중요한 것이다. 이 방법은 [총.균.쇠]의 저자인 제레드 다이아몬드가 많이 사용하는 방법이기도 하다

. “왜 대한민국 사람들은 오직 읽기만 하는 바보가 되었을까?” 한국 사회를 살펴보면 ‘공부의 신’은 정말 차고 넘칠 만큼 많다. 그런데 놀랍게도 ‘독서의 신’은 찾아보기 어렵다. 반대로 일본에서는 ‘독서의 신’들을 쉽게 찾아볼 수 있다. 바로 이 차이가 패전국 일본이 초

강대국으로 성장할 수 있었던 이유이다.” < 김병완, [김병완의 초의식독서법], 19쪽>

이렇게 질문으로 시작하면, 독자들이 주의집중을 하게 되고, 자연스럽게 몰입하게 된다.

두 번째는 질문 대신 대화로 시작하는 방법이다. 대화로 시작하면 책쓰기라는 제한된 상황에서 벗어나 말을 하는 것처럼 느껴져서 쉽게 이야기를 풀어나갈 수 있다. 사례를 살펴보면 이렇다.

“ ‘나이 들어 보세요. 재미있어요.’ 백발의 노신사가 젊은이에게 한 말이다. 젊을 때는 나이 드는 것이 싫고 노인의 부정적인 모습만 떠올리지만, 실제 나이 들어 보니 재미있다는 말이다. 그렇다. 태어나서 죽을 때까지 삶의 궤적을 따라가다 보면 재미없는 나이가 어디 있으랴. 물론 스무 살의 즐거움과 마흔, 쉰 살이 되었을 때 느끼는 삶의 즐거움은 전혀 다르다. 그러나 달라서 더 특별하고 가치가 있다. 그걸 모르고 현재 나의 상태를 다른 시기와 비교한다면 우리는 일생토록 후회하고 억울한 삶을 살아야 할 것이다. 지금을 살면서도 한 번도 제대로 살지 못하는 슬픈 삶이다. 인생은 어느 시기건 그에 알맞은, 그때만 느낄 수 있는 즐거움이 있다. 그것을 충분히 느끼면 산다면 성공한 인생이다. “<[나는 죽을 때까지 재미있게 살고 싶다] 이근후 17쪽>

세 번째 방법은 속담이나 격언, 명언, 인용구로 시작하는 방법이다. 필자도 많이 사용하는 방법이다. 명언으로 시작한 사례를 한 번 살펴보자.

“ ‘훌륭함은 가르칠 수 없다.’ 그렇다. 소크라테스의 이 명언처럼 학교에서 배울 수도, 누가 누구에게 가르쳐 줄 수도 없는 것이 바로 훌륭함에 이르는 길일 것이다. 탁월해지고 훌륭해지는 것은 가르칠 수도, 배울 수도 없다. 훌륭함을 가르칠 수 없는 이유는 무엇일까? 독특함에 본질을 두고 있기 때문이다. 훌륭함은 결국 남과 다른 독특함에서 비롯된다. 이런 이유에서 남들처럼 열심히 일만 한다고 평범한 삶에서 벗어나지 못한다. 열심히 일해도 어제와 오늘이, 오늘과 내일이 같다. 하지만 독특함에 미치는 사람은 어제와 전혀 다른 내일을 살아갈 수 있다. “<[독특함에 미쳐라] 김병완 4쪽>

좋은 문장을 쓰는 5가지 방법

그렇다면 어떻게 해야 간결하고 명확한 문장, 즉 좋은 문장을 쓸 수 있을까? 좋은 문장을 쓰는 가장 쉬운 방법은 문장에서 불필요한 것들을 줄이는 것이다. 불필요한 것들만 줄여도 글은 전혀 달라진다. 아주 유명한 작가가 있다. 필자도 존경하는 분이다. 그런데 이 작가가 한시를 번역할 때의 일이다. 어떤 한 시를 번역을 이렇게 했다고 한다. "텅 빈 산에 나뭇잎은 떨어지고, 비는 부슬부슬 내리는데." 이 글을 본 스승은 면박을 주면서 이렇게 말했다고 한다. "여기 '텅' 자가 어디 있냐? '나뭇잎'에서 '잎'이라고 해도 되겠지, '떨어지고'도 '지고'로 해도 말이 통하지. '부슬부슬 내리고'에서 '내리고'를 생략해도 말이 통하겠지."

결국 이렇게 되었다고 한다. "빈 산 잎 지고 비는 부슬부슬" 이 일로 그 작가는 큰 충격을 받았다고 한다. 그리고 책쓰기에 큰 영향을 받았다는 것이다. 불필요한 글자만 줄여도 글은 몰라보게 좋은 문장이 된다. 간결하고 명확한 좋은 문장을 쓰는 방법을 간략하게 정리해서, 5가지 방법을 소개하면 이렇다.

첫 번째 방법은 문장을 화려하게 치장하거나 꾸미려고 하지 않아도 된다. 이렇게 말이다. 전세가는 더 이상 추가상승의 여력이 없어 보인다. ··· 전세가는 더 이상 오르지 않을 것이다.

두 번째 방법은 형용사, 부사, 접속사, 조사를 최대한 생략하면 된다. 이렇게 말이다. 우리는 그 과제를 아주 상당한 기간 동안 해야 할 것 같다. ··· 우리는 그 과제를 상당기간 해야 할 것 같다. / 나는 개인적으로 우리나라가 통일이 되기를 바란다. ··· 나는 우리나라가 통일이 되기 바란다. '눈으로 덮여 있는 산 '이라는 문장보다는 더 간결하게 만들고자 하면 어떻게 하면 좋을까? ' 눈으로 덮인 산 '이 더 간결하다.
하지만 더 간결하게 해도 좋다. 이렇게 '눈 덮인 산' 이 가장 간결한 문장이다. '내 인생에 있어 독서는 전부다' 라는 문장을 간결하게 만들어 보자. 불필요한 것을 생략하면 이렇다. '내 인생에 독서는 전부다' . '선생님의 주장에 대해서는 거부할 수 없습니다.' 라는 문장을 바꾸어 보자. '선생님의 주장에 거부할 수 없습니다.' 가 좋은 문장이다. '선동에 의해 조종당하는 민중들' 보다는 어떤 문장이 좋을까? '선동에 조종당하는 민중' 이라는 표현이 더 좋지 않은가? '어릴 적 실수로부터 우리는 배운다.' 라는 표현보다는 '어릴 적 실수에서 우리는 배운다.' 라는 표현은 어떤가? '아이들이 놀라기 시작했다' 라는 표현보다는 '아이들이 놀랐다' 가 더 간결한 문장이다. '외부 세계로부터 격리된 사람들' 보다는 '외부 세계와 격리된 사람' 이 더 좋은 문장이지 않을까? '그 두 사람은 가까운 관계에 있었다.' 라는 문장보다는 '그 두 사람은 가까운 사이였다' 혹은 '그 두 사람은 가까웠다' 라는 표현이 더 좋지 않을까? 특히 조심해야 할 조사가 있다. 바
로 '-의' , '-적' 이다. '고민의 해결' 이라는 말보다는 '고민 해결' 이 더 좋은 표현이다. '스스로의 힘으로 성취해야 한다' 보다는 '스스로 성취해야 한다' 가 더 좋다.

세 번째 방법은 동일한 의미의 단어 중에 한 자라도 더 짧은 단어를 선택하는 것이다. 예를 들면 이렇다. 증진하다 ··· 늘리다 / 고안하다 ··· 만들다 / 가시화하다 ··· 나타내다 / 경감시키다 ··· 줄이다.

네 번째 방법은 명사로 표현된 글들을 동사 표현으로 바꾸면 된다. 예를 들면 더 쉽게 이해가 될 것이다. 저 개는 탁월한 개의 전형이다 ··· 저개는 탁월하다. 그녀는 완벽한 본보기다 ··· 그녀는 완벽하다. 의존 명사 '것'도 다른 표현으로 바꾸면 좋은 문장이 된다. 예를 들어 보면 이렇다. '당신이 좋아한다는 것의 증거'라는 문장을 '당신이 좋아한다는 증거'로 바꾸면 더 좋은 문장이라고 할 수 있다.

다섯 번째 방법은 일본식 말투, 중국식 말투, 영어 번역 말투를 버리는 것이다. 일본식 말투는 우리글을 복잡하게 만들고 불필요하게 길어지게 만든다. 그래서 일본식 말투를 자주 사용할수록 문장이 매끄럽지 못하게 되고, 쓸데없이 군더더기가 많은 문장이 된다. ~에 의하면 ··· ~를 보면 (신문 기사에 의하면 ··· 신문 기사를 보면) / ~에 있어서의 ··· ~에서(서양에 있어서의 ··· 서양에서) / ~에서의 ··· ~의(북한에서의 ··· 북한의) / ~에 처한 ··· ~에 빠진(상황에 처한 ··· 상황에 빠진) / ~에로의 ··· ~으로(혈중에로의
··· 혈중으로) / ~으로서의 ··· ~이라는(인간으로서의 ···

인간이라는) / ~으로서의 ⋯▸ ~으로서(전문직으로서의 ⋯▸ 전문직으로서) / ~에 의해 ⋯▸ ~때문에(출근길 정체에 의해 ⋯▸ 출근길 정체 때문에). 영어 번역 표현의 예는 이렇다. 10년 간 연구를 행한 끝에 ⋯▸ 10년 간 연구한 끝에. 중국식 말투의 예다. 위치하고 있다 ⋯▸ 있다 / 대구에 위치한 팔공산 ⋯▸ 대구에 있는 팔공산 / 일본과 한국 사이에 위치하고 있는 동해안 ⋯▸ 일본과 한국 사이에 있는 동해안 / 가능성을 배제하지 않고 있다 ⋯▸ 할 수 있을 것 같다. 중국글자 말투 중에서 가장 큰 문제가 되고 있는 '~적,~화, ~감, ~하, ~시, ~상, ~리' 들의 경우다. 형식적으로 ⋯▸ 형식으로 / 내용적으로는 ⋯▸ 내용으로는 / 과격화해지는 ⋯▸ 과격해지는 / 분위기하에서 ⋯▸ 분위기에서 / 기대감으로 ⋯▸ 기대로 자신감 있게 ⋯▸ 자신있게. 기억하자. 문장을 꾸미고 치장하려고 하는 것은 좋은 문장의 조건에 정면으로 위배된다. 최대한 꾸미지 말고 담백하게 쓰면 되는 것이다. '어렵고 교묘한 말로 글을 꾸미는 건 문장의 재앙이다.' 라고 허균도 말 한 적이 있다.

5주 차 _ 어떻게 출판사를 유혹할 것인가? 출간 기획서 작성 수업

여기까지 책쓰기를 충실하게 했다면 이제 출판사에 정식으로 원고 투고를 하여, 자신의 책이 세상에 나갈 준비가 되었다는 것과 이런 책도 세상에 존재한다는 사실을 알려야 한다. 원고 투고는 이런 점에서 출사표와 다름없다. 수 백 군데 이상의 출판사에 원고 투고를 해도, 계약이 된다는 점은 보장할 수 없지만, 우리가 투고도 하지 않는다면, 절대 계약되는 일은 생기지 않는다. 그렇다. 출판사에 투고하는 행위는 출사표와 다름없다. 그리고 이것을 하기 위해서는 약간의 용기와 출간 기획서만 있으면 가능하다.

문제는 출간 기획서를 어떻게 작성하느냐 이다. 한 번도 해 본 적이 없는 사람에게는 무척 힘든 일이지만, 누군가가 도와준다면 그렇게 힘든 일도, 어려운 일도 아니다. 출간 기획서는 면접을 보는 것이며, 서문으로 자기소개와 책 소개를 하는 것이다. 책을 쓴다는 것은 자기 자신을 노출한다는 것을 의미한다. 출간 기획서는 세상에 책을 내 놓기 위해서 먼저 출판사에 자기 자신과 책을 노출시켜서, 출판사의 마음을 사로잡기 위한 최고의 도구라고 할 수 있다. 출간 기획서에 꼭 들어가야 할 필수 사항은 무엇일까?

책의 제목과 목차, 서문, 본문 샘플, 저자 소개이다. 여기에 이 책만의 차별성과 원고 방향, 예상 독자, 비교 도서 분석 등이 추가 되면 완벽한 출간기획서가 된다. 책의 제목은 책의 내용을 제대로 알려 줄 수 있는 것이어야 한다. 발음하기 편하고 기억하기 쉬운 제목이어야 한다. 저자 소개는 이 책의 저자를 한마디로 표현할 수 있어야 한다. 저자 소개를 작성할 때, 가장 중요한 것은 있는 그대로 솔직하게 작성하는 것이다. 혹자는 거짓으로 자신의 경력이나 학력을 추가하는 데. 이것은 절대 해서는 안 된다.

예상 독자에 대한 설명도 출간 기획서에 포함되면 좋다. 당신이 쓰고 있는 이 책이 누구에게 읽힐 것인지, 그리고 왜 예상 독자들이 당신의 책을 구매해야 하고 읽어야 하는 지에 대해서도 언급하는 것이 좋다. 이 책이 기존에 나온 비슷한 주제의 책들과 차별되는 독특한 점에 대해서도 언급하는 것이 좋다. 왜냐하면 차별성은 가장 큰 장점이기 때문이다. 실제로 출간기획서 샘플을 보는 것이 백 번 설명을 듣는 것보다 나을 것이다. 그리고 명심하라. 실제로 한 번 작성해 보는 것이 남의 것을 백 번 보는 것보다 더 많은 것들을 배울 수 있게 해 준다는 사실을 말이다.

남편이 바람피워도
행복하게 살 수 있는 18가지 방법

1. 1. 제목

남편이 바람피워도 행복하게 살 수 있는 18가지 방법
– 평범한 워킹맘의 거친 세상 행복하게 살아가는 이야기

2. 저자소개

"나는 까칠한 여자입니다."
숨 쉬는 것조차 버거운 하루...... 매사에 짜증이 나 평범한 일상을 보내는 것 자체가 쉽지 않았다. 바쁜 출근길에 누군가 발을 밟기만 해도 피가 거꾸로 솟았다. 낯선 이가

길을 묻는 것도 불쾌했다. 아무 상관없는 타인에게 길을 가르쳐 줄 여유 같은 것은 없었다. 내 귀중한 시간을 빼앗는 그런 사람들에게 매번 화가 났다.

4년간의 여대 생활을 마감하고, 정시퇴근과 안정적인 근무환경을 꿈꾸며 공기업에 입사했다. 담당하게 된 업무는 경쟁률 1,000:1을 자랑하던 장기전세주택 입주자 선정업무.
(서울시에서 20년간, 주변아파트 전세시세의 80%수준으로 공급하는 아파트 ex-반포자이, 래미안 퍼스티지 등)

장기전세주택 입주를 원하는 민원인들로 사무실은 만원이었고 문의전화가 폭주했다. 그들은 항상 불만이었다. 원하는 아파트에 들어갈 수 없어서 불만, 생각보다 비싸서 불만, 하자가 생겨서 불만, 전화연결이 잘 안되서 불만...

불평불만은 생각보다 전염성이 강하다.

민원인들이 모두 돌아간 저녁 6시 이후에야 업무를 시작할 수 있었다. 야근과 휴일 근무는 1년 내내 지속되었다. 매일 민원전화에 시달리다 보니, 핸드폰에 울리는 지인들의 전화조차 싫었다. 결혼해서 남편이 벌어다 주는 돈으로 쇼핑하고 편하게 지내는 친구들을 질투하고 시기

했다. 학창시절, 분명 내가 공부도 더 잘했다. 세상이 잘못된 거라 생각했다.

아침마다 화가 났다. 모든 일상에 분노했다. 아무도 만나지 않았고 퇴근하면 잠만 잤다.

1년간 그렇게 지내다 보니 몸과 마음은 이미 폐인이 다 되어 있었다.

까칠한 여자, 무심한 남자와 결혼하다.

이익훈 어학원에서 만나게 된 남편. 동갑내기 남편과 6년 간 연애 후, 결혼하게 되었다.

성질 급한 나는 게으른 남편의 행동 하나하나가 마음에 들지 않았다. 연애 시절 내내 싸운 적이 없었기에 적잖이 당황했다. 성격이 잘 맞는다 생각했는데, 남편이 그냥 무조건적으로 맞춰주었던 것. 결혼 후 남편은 자기 목소리를 내기 시작했다.

남편은 핸드폰 게임과 만화를 가장 좋아했다. 내가 가장 싫어하는 것을 가장 좋아하는 남편. 내가 싫어하는 것은 안 하는 줄 알았었는데, 몰래몰래 다 하고 있었나 보다. 남편은 내가 아무리 늦어도 걱정하지 않았다. 나를 믿는다고 했다. 생각보다도 훨씬 무심한 남편에 실망하고, 나는 점점 더 까칠해져 갔다. 그래도 아직 세상은 나를 중심으로 돌아가고 있었다.

자기밖에 모르던 이기적인 여자, 엄마가 되다.

밤만 되면 아이는 울었다. 태어난 지 1년이 지났지만 여전히 1~2시간 간격으로 우는 아이는 나를 지치게 했다. 다른 집 아이들은 백일만 지나면 낮과 밤을 가리기 시작해 7시간 내내 잠을 잔다는데, 아이는 돌이 지나도 신생아같이 밤새 울었다.

노력해도 되지 않는 일이 있다는 걸 처음 알게 해 준 엄마라는 자리. 엄마가 된 것을 무척이나 후회했다. 처음으로 내가 아닌, 아이가 중심인 세계에 내던져진 현실을 원망했고, 아이를 원망했다. 우연히 <불량육아>란 책을 읽게 되었다. 아이는 어떻게 자라는지, 아이에게 엄마는 어떤 존재인지를 알게 되면서 힘들어하기만 했던 지난 1년에 미치도록 가슴 아팠다. 엄마가 세상의 전부인 아이에게 화를 내던 순간순간이 떠올라 눈물만 났다.

1년 후 복직할 예정이었으나, 최소 3년은 엄마가 아이를 키워야 한다는 것을 알게 되었다. 고민 없이 2년 더 휴직을 신청했다. 전례가 없던 장기 휴직이라 반려될 가능성도 있었다. 승인이 되지 않으면 미련 없이 퇴사할 생각이었다. 어느 새 나의 가치관은 달라져 있었다.

"돈으로도 살 수 없는 것이 시간이다."

아이는 여전히 밤마다 울었지만, 더 이상 고통스럽지 않았다.

행복의 첫 발걸음을 내딛은 것이다.

"이제는 세상 누구보다도 행복한 여자입니다."

어린 시절부터 책을 무척 좋아하였으며 도서관에 있는 모든 책을 다 읽고 싶다는 꿈을 가지고 있었다. 나에게 희망을 보여준... <불량육아>란 책을 시작으로, 닥치는 대로 책을 읽었다. 지난 36년간 읽었던 책보다 훨씬 많은 책을 휴직 기간 동안 읽게 되었다. 카카오톡을 삭제하고 인터넷 쇼핑을 끊었다. 시간도 행복도 내가 선택하는 것.

매 순간 아이의 마음을 읽으려 노력했으며, 남편 입장이 되어 이해하고자 했다. 육아 휴직 2년차부터는 급여가 지급되지 않는다. 경제 사정은 점점 더 나빠졌지만, 나는 점점 더 행복해졌다.

연애시절과 또 다른 결혼 생활에 부딪히면서 노력해도 되지 않는 일이 있다는 것에 크게 좌절한 후 남편과 싸우지 않는 방법, 아이를 잘 키우는 방법에 대해 고민하다 인생을 살아가는 것에 대한 답을 얻게 되었다. 까칠했던 나는 원하는 대로 되지 않는 인생에 불만투성이였지만, 남편과 아이와 함께 책을 읽으며 계속해서 성장하려 노력 중이며 어떠한 상황이 발생하더라도 헤쳐 나갈 수 있는 근력을 키우고 있다.

현재는 책을 쓰고 있는 작가이다. 책을 쓰면서 끊임없이 성장하고 이 땅의 3040 여성들과 소통하면서 더 행복한 삶을 함께 하고자 내공을 기르고 있다. 행복은 누구나 가질 수 있다. 이 책을 통해 많은 여성들이 그들 안에 있는 행복을 꺼낼 수 있도록 돕고자 한다.

저자 약력

2007년 성신여자대학교 국문학과 졸업
2008년 에스에이치공사 입사
2012년 동갑내기 남편과 결혼
2013년 3CS코칭 과정 수료
2014년 독서논술지도사 과정 수료
2016년 현재 육아휴직 중이며 8월 복직 예정임

3. 기획의도

2016년, 대한민국 3040 여성들은 행복하지 않다.

대한민국 3040대 여성들은 한강의 기적으로 소득수준이 상승한 베이비부머의 자식들로서 부족한 것 없이 자란 첫 번째 세대이다. 부모의 갖은 지원 하에 열심히 공부하고, 자신의 일에 최고가 되고자 부단히 노력하였으며 자아실현이 무엇보다 중요하다.

미래를 위해 앞만 보며 달려 온 그녀들에게 브레이크가 걸린다.

결혼을 하고, 아이를 낳은 후 인생은 180도 달라진다. 내 마음대로 되지 않는 인생에서 이제는 아이, 남편까지 모두 돌봐야 한다. 아내, 며느리, 엄마, 직장... 너무 많은 임무를 지니고 있는 3040 여성들이 행복해지기는 사실 쉽지 않다.

그렇지만 행복은 멀리 있지 않다. 행복할 수 있는 방법은 의외로 간단하다. 복잡하게 얽혀 있는 실타래에서 내가 진정 원하는 것을 아는 것이 행복해지는 첫걸음이다.

3040 여성들이 불평하지 않기를 바란다. 좀 더 행복해지고 더불어 그들의 자녀가 건강하게 자라기를 바란다. 엄마가 행복하면 아이가 행복하다. 행복한 아이는 우리나라의 미래를 밝게 할 것이다.

대한민국 여성들의 희망온도를 올리자.

4. 핵심주제

– 행복도 불행도 모두 나의 마음에 달려 있다.

- 우리는 어떠한 상황에서도 행복해질 수 있다.
- 누구라도 지금 당장 행복해질 수 있다.
- 행복하기로 선택한 순간 행복해진다.

5. 타겟독자

- 행복하지 않은 3040 여성
- 행복해지고 싶은 3040 여성
- 마음대로 되지 않는 인생이 불만인 3040 여성
- 힘든 일상에서 벗어나고 싶은 3040 여성
- 육아와 가사일이 벅찬 3040 여성

6. 책의 장점 및 차별성

- 실생활에 바로 적용할 수 있는 간단한 행복 비결을 제시한다.
- 저자의 실제 사례를 담아내어 독자들이 쉽게 공감할 수 있다.
- 딱딱하고 지루한 자기계발서가 아닌, 영화, 드라마, 고전 등 풍부한 사례를 담고 있다.
- 평범한 워킹맘이 전하는 행복이야기로 누구나 부담 없이 읽을 수 있다.
- 누구라도 겪을 수 있는 상황들을 생생하게 전달하여 지루하지 않다.
- 원하는 것을 포기하지 않고도 행복해질 수 있는 방법

을 제시한다.

7. 마케팅 전략 및 홍보문구

마케팅 전략

- 개인블로그와 facebook, 카카오스토리를 통한 홍보
- 레몬테라스 네이버카페 (회원수 2,910,000명)을 통한 홍보
- 김병완 작가 facebook을 통한 홍보
- 김병완 작가 블로그를 통한 홍보
- 김병완TV 유튜브를 통한 홍보
- 전국도서관 구입독서 신청

홍보 문구

- 남편이 바람피나요? 이제 나는 더 행복해 질 수 있겠네요!
- 남편이 바람피나요? 그렇다면 행복해질 일만 남았어요.
- 이 책을 펼치는 순간, 행복 바이러스가 온 몸에 퍼질 것입니다.
- 대한민국 3040 여성들의 행복 solution
- 행복, 이제는 당신 차례.
- 삶이 버거운 당신에게 전하는 리얼 행복 솔루션
- 바람난 남편, 청개구리 우리 아이 내 편 만들기

8. 원고 완성 및 기타사항

(1) 원고 완성일

2016년 10월 15일

(2) 예상 페이지수

240 페이지

(3) 예상 정가 및 판매 부수

12,000원 / 50만부

9. 목차

생략

10. 서문

생략

11. 샘플원고

첨부파일 참조 부탁드립니다.

출간기획서를 80~90% 정도 작성했다면 과감하게 원고 투고를 하는 것이 좋다. 왜냐하면 많은 예비 작가들이 기획서를 100% 즉 완벽하게 작성을 한 후에 보내고자 한다. 하지만 이 세상에 완벽한 것은 없다. 80% 정도 완성이 되었다면 출판사에 보내서 출판사의 의견과 평가를 듣는 것이 좋다. 예비 작가들이여, 무엇이 두려운가? 과감하게 출판사에 원고 투고를 해 보라. 수많은 거절 메일을 절대 두려워해서는 안 된다. 수많은 거절 메일은 당신이 성장했음을 알려 준다. 절대 기죽지 마라. 거절 메일을 많이 받았다는 것은 당신이 실패를 두려워하지 않고, 최선을 다해서 도전하고 또 도전했음을 알려 주는 자랑스러운 증거인 셈이다. 원고 투고를 출판사에 많이 하는 것이 무조건 좋은 것은 아니다. 해야 할 때 주저해서는 안 된다. 완벽하게 준비해서 한 번에 하고자 하는 것도 좋지만, 어느 정도 책의 윤곽이 나왔다면 그리고 책의 포지션이 정확히 정해 졌다면 충분하다. 원고 투고를 할 때 거절 메일을 두려워해서는 안 된다. 거절 메일을 받아도 절대로 슬퍼하거나 노하지 말고, 오히려 즐거워하라. 거절메일을 받을수록 당신의 도전은 더 가치있는 것이 되기 때문이다. 단 한번의 원고 투고로 작가가 되고, 단 한번의 출간으로 베스트셀러가 된다면 그것은 너무나 인생을 쉽게 사는 것이다. 인생의 의미와 가치는 그런 것이 아니다.

10년 동안 무명인 배우와 딱 1년만 무명인 배우는 유명

배우가 되고 나서, 얼마나 높게 올라가고 얼마나 오래 사랑받는가가 다르다고 하지않는 가? 10년 동안 무명으로 배우 생활을 한 사람들은 그 아픔과 고통으로 대배우가 되고, 국민 배우가 된다고 한다. 그러므로 지금 당장 힘들고 어렵고 마음대로 되지 않는 그런 실패와 시련을 절대 두려워해서는 안 된다. 실패한 만큼 성장하고 배우게 된다.

원고 투고를 하기 위해서는 출판사 메일 주소가 필요하다. 그런데 예비 작가들에게는 출판사 메일 주소를 확보하는 것이 무척 힘든 일이다. 이럴 때는 어떻게 해야 하는 것일까? 출판사마다 홈페이지가 있기 때문에 그곳에서 직접 투고를 할 수도 있지만 이럴 경우 너무나 많은 시간과 노력과 에너지가 들기 때문에 추천하고 싶지 않다. 가장 쉽게 빨리 많은 출판사에 자신의 원고와 출간기획서를 보내는 방법이 있다. 서점에 가서 자신이 쓰고 있는 분야 코너에 가서 그 곳의 책들을 살펴보면, 출판사마다 메일 주소를 쉽게 찾을 수 있다. 한 시간 정도면 수십 개 이상의 출판사 메일 주소를 확보할 수 있을 것이다. 시간이 날 때 마다 서점에서 가서 한 두 시간 씩 출판사 메일 주소를 수집하면, 멀지 않아서 수 백 개 이
상의 출판사 메일 주소를 확보하고 있는 준비된 작가가 될 수 있다.

6주 차 _ 본문을 어떻게 쓸 것인가? 본문 집필 수업

본문을 잘 쓰는 쉽고 간편한 3가지 방법

본문 쓰기라고 하면 문장 쓰기와 단락 쓰기로 나눌 수 있다. 그런데 문장 쓰기는 이미 너무나 많은 이들이 잘 하지만, 단락 쓰기는 익숙하지 않다. 그 이유는 무엇일까? 그것은 단락이란 것이 현대에 만들어진 책쓰기의 또 다른 하나의 발명품에 불과하기 때문이다. 과거에는 단락이란 것이 없어서 처음부터 끝까지 연결되어 있다고 생각하면 된다. 단락 쓰기를 어떻게 할까가 바로 본문 쓰기의 가장 큰 고민일 것이다. 세 가지 유형만 기억하고 책쓰기를 적용하면 된다.

첫 번째 유형은 Q-A-O 다.

“질문하기Question - 대답하기Answer - 주장하기 Opinion”

“글을 쓸 때 진짜 인생이 펼쳐지는 이유는 무엇인가? (질문하기) 글을 쓰면 자기 자신만의 새로운 콘텐츠가 생기기 때문이다. 새로운 콘텐츠는 감성과 창조의 시대에 가장 큰 재화가 된다. 책쓰기는 인간이
혼자서 무엇인가를 재창조하고, 만들어낼 수 있는 위대한 도구이며, 수단이며 동시에 목적이 된다. 그래서 책쓰기는 수많은 사람들의 인생을 기적처럼 바꾸어놓고도 남는다. (대답하기) 책쓰기처럼 위대한 인생 혁명 수단은 존재하지 않는다. (주장하기)” <[김병완의 책쓰기 혁명] 김병완 중에서>

두 번째 유형은 P - C - S 다.

“현상Phenomena - 원인Cause - 해결책Solution”

예를 들면 이렇다. 우리나라에는 학문분야 노벨상 수상자가 없다. 반면 일본에는 수십 명이나 있다. (현상제시) 그 원인은 분명하다. 한국 사회는 독서 빈국이기 때문에 한국인들의 사고력이 유연하지 못하고 깊이가 없는 반

면, 일본 사회는 독서 강국이기 때문에, 일본인들의 사고력이 유연하고, 깊이가 있다. (원인설명) 대한민국을 세계 최고의 독서 강국으로 만들면 세계 최고의 인재들이 많이 배출될 것이다. 그래서 대한민국 독서 강국을 실현하면 학문분야에서도 노벨상 수상자들이 많이 탄생할 것이라고 믿는다. (해결책)

세 번째 유형은 F−C−O 다.

“명언famous saying - 사례Case− 주장Opinion

예를 들면 이렇다. “하버드 대학교의 졸업장보다 독서하는 습관이 더 중요하다” 마이크로소프트사를 창립한 빌게이츠가 한 말이다. (명언, 격언) 빌게이츠는 실제로 미국의 명문대인 하버드대학교를 중퇴했다. 그래서 하버드 대학교의 졸업장 없이 독서하는 습관 덕분에 세계에서 가장 성공한 사람 중에 한 명이 될 수 있었다. (사례) 대학교 졸업장 같은 화려한 스펙보다 독서가 성공을 결정짓는다. (주장)

칼리지만의 본문 작성법 _ SECCT 본문 작성법

책쓰기 수업을 듣는 일반인들의 가장 힘든 점은 무엇일까? 바로 한 권의 책이 될 만큼 원고의 양을 채우는 것이다. 200자 원고지 1000장은 넘어야 한 권의 책이 될 수 있다. A4 용지 120장 정도를 써야 책 한 권이 될 수 있다. 그런데 이것이 힘들다는 것이다. 아무리 쓰고 또 써도 50% 도 안 된다고 하소연하는 분들이 적지 않다. 그래서 필자가 만든 본문 작성 기법이 바로 SECCT 본문 작성 기법이다. 먼저 소목차의 키워드와 키문장을 하나씩 만든다. 그리고 그 키 문장을 토대로, 그것만의 이야기를 중심으로 하나의 본문을 작성한다. 이어서 독립적으로 그 키 문장을 토대로, 그것만의 사회적 증거Evidence를 중심으로 하나의 본문을 작성한다. 다음에는 그 키 문장을 토대로, 그것만의 사례case를 중심으로 또 하나의 본문을 작성한다. 그리고 키 문장에 대한 주관적인 작가의 생각Thought을 중심으로 또 다른 하나의 본문을 작성하고, 또 그 키 문장에 대한 종합적이고 객관적인 결론Conclusion을 중심으로 또 다른 하나의 본문을 작성한다. 이렇게 하나의 소 목차라도 5가지 관점에서 독립된 본문을 만들어 나가면, 한 권 분량의 원고를 작성하는 것은 그렇게 어렵지 않다는 것을 알게 된다. 그리고 이 단락들을 항상 같은 패턴으로 순서를 정하지 말고, 목차별로 다르게 구성을 하면, 5 * 5 = 25개의 구문 패턴이 발생하게 된다. 그렇기 때문에 패턴이 같은 구문을 반복해서 사용하지 말고, 독자들로 하여금 참신하게 느낄 수 있도록 구문의 패턴과 흐름의 순서를 항상 바꾸는 것이 좋다.

여기에 영화, 책, 논문, 역사, 과학 등을 중심으로 하여 여러 가지 관점에서 또 다른 본문을 작성할 수 있다. 이렇게 되면 한 권이 아니라 여러권의 책도 문제없이 써낼 수 있다.

7주 차 _ 원고 투고 & 출판사와 계약 & 출간하기 _ 작가 입문

야호! 드디어 인생 최고의 순간, 800군데에서 1000군데 이상의 출판사에 한 번에 원고 투고하는 순간이다. 대한민국 넘버원 책쓰기 학교인 책쓰기 작가수업 김병완칼리지에는 800~ 1000 군데의 출판사 연락처와 이메일을 보유하고 있고, 수업에 참여하는 수강생에게 무료로 제공하고 있을 뿐만 아니라 원고 투고 하는 노하우, 좋은 출판사를 선정하는 방법, 투고 후 계약과 출간 매뉴얼 등을 제공하고 알려 주어 진짜 작가로 도약할 수 있도록 다방면으로 도움을 주고 있다.

7주 동안 고생한 것의 클라이맥스는 역시 출판사 원고 투고 직후에 걸려오는 출판사의 러브콜이다. 수 백 군 데 이상의 출판사에 원고 투고를 하면 다음 날부터 수십 군 데 이상의 출판사로부터 계약하자며 전화와 메일이 불이 나는 것이다. e-메일을 통해 즉시 계약서를 보내오는 출판사도 있고, 직접 만나서 계약을 하자고 직접 만나자고 하는 전화를 거는 출판사도 있다. 바로 이 순간이 그 동안의 모든 노고를 보답 받는 환희의 순간이다.

예비 작가로서 진정한 작가가 되는 첫 관문을 멋지게 통과한 것이라고도 할 수 있다. 출판사와 계약을 할 때 가장 중요한 것 중에 하나가, 어떤 출판사를 선택을 할 것인가이다. 물론 수 백 군데 출판사에서 거절을 하고, 딱 한 군데 출판사가 계약을 하자고 했을 때는 찬밥 더운밥을 가릴 여유가 없다. 무조건 계약을 하면 되고, 그 결과를 하늘에 맡기면 된다. 하지만 여러 군데서 계약을 하자고 연락이 온다면 이때는 정말 신중해야 한다. 순간의 선택이 인생을 좌우하게 될지도 모른다. 어떤 출판사를 선정하고, 어떻게 잘 하느냐에 따라서 당신의 작가로서의 삶이 결정날 수가 있기 때문이다.

그렇다면 어떤 출판사가 초보 작가에게 좋은 출판사일까? 초보 작가의 원고를 자신의 원고처럼 생각해줄 줄 아는 출판사와 담당자여야 한다. 만나서 직접 이야기를 몇 마디 나누어 보면 확실하게 알 수 있다. 먼저 원고에

확신을 가지고 있는 출판사이어야 한다. 성공에 대한 확신도 없다면, 책을 만드는 작업 과정에 열정이나 자부심도 사라져 버릴 것이기 때문이다. 출판사를 선정할 때 인세를 얼마나 주고, 계약금을 얼마나 주느냐보다 더 중요한 것은 책이 완성된 후 과연 어느 정도까지 홍보와 마케팅을 해줄 수 있느냐이다. 이것이 가장 중요할지도 모른다. 어떤 출판사는 전혀 해주지 않는다. 여력이 없기도 하고, 다른 책에 더 집중을 하기 때문이기도 하다. 당신의 책에 집중해 주고 밀어주는 그런 출판사를 선택해야 나중에 후회가 없다.

출판사와 계약이 되는 것은 1개월 안에 가능하다. 하지만 계약 된 후 책이 나올 때 까지는 몇 개월 정도가 걸린다. 빠르면 1개월, 늦으면 12개 월도 더 걸릴 수도 있다. 물론 최악의 경우를 두고 하는 말이다. 출판사와 계약을 하는 것이 안 하는 것보다 훨씬 더 낫다. 계약이 되면, 책이 출간되는 것은 시간문제이기 때문이다. 그러므로 반드시 출판사와 계약을 목표로 책쓰기를 시작해야 한다. 목표가 없으면, 방향이 잘못되고, 제대로 선택과 집중을 할 수 없다.

본문을 다 쓰고 나서 원고를 통째로 출판사에 주면서 원고 투고를 하는 방식도 있다. 하지만 지금은 이런 시대가 아니다. 본문 전체를 통째로 원고 투고를 하면 출판사 입장에서는 가장 좋지만, 작가 입장에서는 좋은 점보다 나쁜 점이 더 많다.

첫째, 출판사와 본문의 성격이나 방향이 맞지 않아서, 원고를 통째로 다시 작성해야 하는 경우도 많기 때문이다. 결국 고생하는 것은 작가인 것이다.

둘째, 출판사로 하여금 원고 전체를 읽게 함으로써 검토

기간이 상당히 오래 걸린다. 비효율적이라고 말할 수 있다.

셋째, 목차 구성과 책의 핵심 주제, 기획 의도, 비교 도서 분석, 저자 소개, 샘플 원고 등과 같은 것들로 충분히 책의 모든 것을 파악하고 평가할 수 있는데, 굳이 원고 전체를 보낼 필요는 없다. 그래도 원고 전체를 보내달라고 하는 출판사가 적지 않다. 이런 출판사는 나름대로의 소신이 있을 것이다. 하지만 작가 입장에서는 원고 전체를 보내기 보다는 일부 샘플 원고만 보내는 방식이 훨씬 더 유리하다.

작가들이여! 출판사의 말에 너무 휘둘리지 말아야 한다. 작가는 용기가 필요하다. 독자들의 악평에도 꿋꿋하게 버틸 수 있는 용기뿐만 아니라 출판사의 주장에도 휘둘리지 않는, 중심을 잡을 수 있는 용기 말이다. 이런 용기는 출판사와 정식으로 계약하고 나서부터 더 중요하다. 출판사가 이렇게 저렇게 자기 좋을 대로 요구하는 것이 많아질 수 있다. 물론 작가와 출판사는 공생의 관계다. 하지만 작가는 언제나 을이었고, 출판사는 갑이었다. 그래서 '출판사, 갑의 횡포'라는 말도 생긴 것이다. 작가는 늘 약자였다. 그래서 출판사가 계약을 해 놓고서 몇 개월 혹은 몇 년이 지나도, 작가의 책을 출간해 주지 않을 뿐만 아니라, 아무 잘못도 없는 원고를 트집 잡으면서, 계약 파기를 일방적으로 하는 경우가 적지 않다. 정식으로 계약이 된 이상, 계약을 일방적으로 파기하고 책을 출간해 주지 않는 것은 엄연한 계약 위반이며, 출판사의 갑의 횡포이다. 필자도 이런 경우를 많이 당해 봤다. 그렇기 때문에 작가들이여! 출판사와 계약을 한 이후부터 더 정신을 차려야 한다. 물론 좋은 출판사, 정직한 출판사, 작가를 배려해 주는 출판사가 훨씬 더 많다.

출판사와 계약을 하면, 너무나 기분이 좋아서, 하늘을 날 것 같고, 구름 위를 떠다니는 기분이 든다. 자녀들에게 정말 자랑하고 싶고, 자부심도 느끼고, 인생을 살면서 최고로 기분이 좋은 순간일 수도 있다. 이 기분을 필자는 잘 안다. 하지만 이런 승리의 기분에 도취되어 헤어 나오지 못 하면 안 된다.

이제부터 시작이라는 마음으로 새롭게 시작해야 한다. 계약서 내용을 꼼꼼히 살펴서, 언제까지 원고를 넘겨야 하는가를 먼저 체크하고, 그 마감기한 한 달 전까지 원고를 다 작성해서 마무리한다고 목표를 잡고 집필 일정을 세우고, 지금 당장 시작해야 한다. 미리 미리 시작해서 한 달 전에 완료 하는 것이 좋다. 완료 했다고 해서 바로 원고를 넘겨서는 안된다.

원고 마감 기한 일주일 전에 넘기는 것이 가장 좋다. 너무 빨라도 이상하게 생각하고, 너무 늦어지면 출간이 힘들 수도 있다. 출판사 담당자와 수시로 자주 연락하고,

소통을 하는 것이 매우 중요하다. 결국 책은 사람이 만드는 것이기 때문이다. 출판사 계약 이후 신경 써야 하는 것은 마감 이전까지 원고 완성하는 일과 출판사 담당자와의 긴밀한 소통 관계 유지다.

판권

초판 인쇄: 2026년 1월 10일
초판 발행: 2026년 1월 10일

펴낸이: 김병완
펴낸곳: (주) 플랫폼연구소

출판등록: 제 2020-000075호

이메일: pflab2020@naver.com

주소:서울시 강남구 삼성동 116 백우빌딩 402호

ISBN 979-11-24195-45-1(03010)